Avenida Beberibe

F**Ó**S F**★**R**☀**

CLAUDIA CAVALCANTI

Avenida Beberibe

Sem aventura não há foto.

Roland Barthes

A, B e C

Vista do outro lado da rua larga — ou seja, de longe —, a enorme casa se impunha. Construída num terreno amplo e frutífero, recuada, ela dava espaço a um jardim de contornos que se redesenharam ao sabor do tempo. A construção quase centenária era fotogênica à distância e em lupa: as vigas pintadas de azul em contraste com as paredes brancas, a janelinha lateral da sala, a abertura em arco no terracinho da entrada, que tinha outro arco aberto para a outra face do jardim, onde se podia sentar com as pernas viradas para dentro do espaço — cujo piso parecia um tabuleiro de damas, com ladrilhos de cores que se alternavam entre preto e ocre — ou para fora, com os pés tocando a grama.

O jardim destoava do quintal, igualmente vasto, só que mais desordenado e enigmático: lá atrás era preciso subir barrancos para chegar ao pé da mangueira mais frondosa e fértil de que já se ouviu falar. Subir e descer aqueles barrancos não era para qualquer um, sobretudo em época de chuva. Daí o abandono à própria sorte, por assim dizer, da parte superior do terreno, destino diferente da parte baixa, que chegou a acolher patos, pintos, até mesmo faisões, para entreter os frequentadores mirins do casarão. A área era traspassada por varais improvisados, sustentados por pedaços de pau fincados em diferentes níveis do terreno, que ousavam alguns degraus de terra ladeira acima para que os lençóis se largassem nos varais, quarando entre as plantas.

Para voltar ao jardim sem atravessar a cozinha e o cômodo onde antes uma mesa de oito lugares reunia a família, a sala de estar e o grande tabuleiro, o futuro comprador poderia optar por uma das laterais da casa, a mais larga, que em outros tempos hospedou carpas, coelhos, tatus, crianças, um pé de carambola, outro de abacate, e mais uma mangueira que também resistiu ao tempo.

Outra árvore que se conservou na memória, enorme em sua dignidade, mas ameaça constante caso resolvesse sucumbir, é o jambeiro. Planta da fruta que é prima das goiabas e pitangas, embora tão diferente e distante, diz-se que o jambeiro é capaz de produzir mil frutos. Ao longo de décadas, não foram mil, mas milhares de jambos-vermelhos que se atiraram dos galhos e se espatifaram no piso cimentado. Salvavam-se os que se lançavam acima do pedaço gramado na entrada da casa, embora não se livrassem do apetite de quem os recolhia e cravava os dentes na pele vermelha e fina, alcançando a maciez da polpa branca.

O jambeiro gigante varou anos, décadas, proporcionando uma festa a quem o admirava na época em que as flores se soltavam e caíam, cobrindo o pátio em frente às duas entradas da casa e formando um tapete cor-de-rosa irresistível a qualquer câmera fotográfica. Fosse eu a cogitar comprar a Casa dos Jambos-Vermelhos e se a visitasse na época certa, o tapete externo me convenceria a fazer o investimento.

Na foto, não vejo o chão de cimento, que faz fronteira com o degrau da entrada do terraço-tabuleiro, mas é ele quem apara o trio ali estático. O retrato em preto e branco amarelou com o tempo, muito embora não seja isso o que confere ao casal pelo menos dez anos a mais que os dezoito dela e os vinte e cinco dele. Tampouco é o modo de vestir, incompatível com a idade, nem o modo de se arrumar — ela com um penteado que, para se manter erguido, apela para o laquê; ele com óculos de armação grossa que lhe dá uma impressão ainda mais sisuda. É o modo de estar: habita ali um desconsolo, uma tristeza, um estranhamento.

Completa o trio um bebê de um mês ou dois, nascido a fórceps depois de quarenta e duas semanas de gestação. A mãe o segura com placidez e orgulho, mas esboça um sorriso tímido para a filha que tanto a fizera sofrer para vir ao mundo: seus olhos parecem fechados, como que incrédula após uma breve retrospectiva. O pai, sem aparente entusiasmo e, ouso dizer, até com certa distância ("o que fazer com esse bebê que gerei e mal conheço?"), olha para mim, sem rosto na foto, mas centro de equilíbrio daquela família que mal começava.

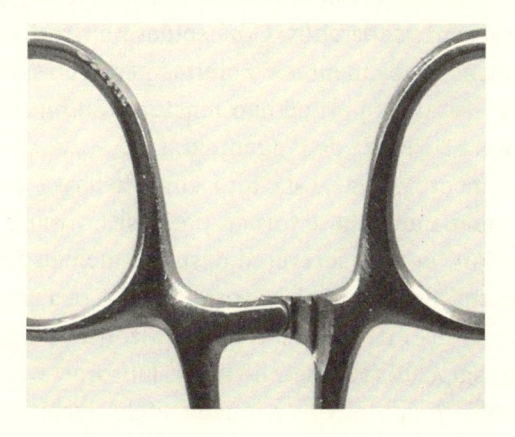

"Existem coisas que nos pertencem de maneira ainda mais íntima quanto mais e constantemente lidamos com elas. Acabam se tornando inseparáveis de tão próximas, e nem sabemos direito por quê", escreveu Wilhelm Wagenfeld, um dos celebrados designers da escola Bauhaus, criador de objetos que ainda hoje habitam lares alemães, como faz supor a oferta de alguns deles em sites de compra. Um desses objetos também é um trio. Conhecido como *Max und Moritz*, o conjunto de saleiro e pimenteiro desenhado pelo designer de Weimar em 1952 — dez anos antes daquela imagem familiar — é feito de vidro e aço inoxidável. Um para que se possa ver e diferenciar o conteúdo; e o outro, na parte superior, para impedir a corrosão causada pelo sal. São objetos iguais à primeira vista, destoados apenas pelos furinhos por onde escoam um e outro tempero.

Os dois são obrigatoriamente dispostos lado a lado, juntos, graças a uma base em forma de canoa, ou berço, que empresta harmonia visual à dupla díspar. Max e Moritz, afinal, são dois garotos endiabrados criados em 1865 por outro Wilhelm alemão — Wilhelm Busch —, escritor, desenhista e precursor das histórias em quadrinhos. Conhecidos no Brasil como Juca e Chico, os meninos, depois de muitas peripécias, acabam se dando mal — talvez porque não tenham tido onde se apoiar como o Max e o Moritz de Wagenfeld.

Supostamente, o casal da foto ainda tentava conhecer o bebê que um dia deveria se tornar, por destino, parte indispensável dos dois, como escreveu o designer alemão sobre o par de objetos em "Sobre as coisas cotidianas". Seria uma canoa a mantê-los juntos mesmo que remassem contra a maré ou em movimentos opostos sem sair do lugar. Juntos.

Outro objeto desenhado por Wagenfeld que atravessou as décadas e pode ser comprado ainda hoje também tem três partes e é feito de vidro e metal. Chama-se, curiosamente, *Eierkoch*, cozinheiro de ovos, e não *Eierkocher*, cozinhador de ovos, como seria de esperar da lógica alemã. É composto de um copinho, sua tampa e um arco metálico que, tensionado, prende um à outra e impede que o ovo porventura escorra enquanto cozinha em banho-maria, amadurecendo ali aos poucos, temperado ao gosto de quem o saborear, de preferência a clara e a gema amolecidas, com os temperos guardados em Max e Moritz.

É preciso paciência, pois o cozinheiro de ovos não tem pressa. Quando eu também não tenho, gosto de acompanhar a transformação lenta do ovo através da água borbulhante e do vidro translúcido.

No entorno do bebê-berço muita água rolou, borbulhou e entornou desde aquela foto, o tempo indo — tendo ido —, cozendo-o aos poucos, como deve mesmo ser, senão é tudo, menos vida vivida.

Em outra fotografia, bem longe dali, a aliança roça a perna macia de outro bebê enlaçado no colo do pai: você. Embora seja uma foto em preto e branco, amarelada pelo tempo, seus olhos iluminam a imagem com o azul do céu da Galileia, onde morou e morreu sua bisavó pioneira, aquela que não tem foto com o primeiro marido nem com seu avô recém-nascido. O pai parece ter evaporado como evaporam tantos pais e quase nenhuma mãe. No entanto, um dia sua bisavó pioneira também evaporou com outros judeus para colonizar a Palestina, deixando o filho de treze anos e seguindo desprovida de fotos de família, levando consigo, Sara, só o peso de um sobrenome: Aloni, *alone*.

Dos três, só o pai não mira a câmera, concentrado talvez em um acontecimento além dos limites da imagem. A mãe, esta sim dirige o olhar para a câmera enquanto o toca de leve — gesto estudado para a perpetuação — com as mãos finas, e no anelar, além da aliança, outra joia. Ela também planejou permitir que a saia deslizasse para mostrar um pouco das pernas vistosas, ao contrário do pai, que abotoa a camisa até o pescoço.

Já sua mão esquerda parece dedilhar algo no ar.

Mas você e seus pais não estão sozinhos: sem zoom, a foto revela sua irmã, sentada ao lado de seu pai; além de sua bisavó e os pais de sua mãe. Seu avô nunca foi à Palestina e nunca mais veria a mãe, que morava numa casinha adornada por limoeiros. Foi lá que Sara recebeu o corpo do filho que teve naquelas terras. Ele foi vítima de uma emboscada, como punição aos ocupantes estrangeiros: os inimigos furaram-lhe os olhos e o mandaram de volta, agonizando sobre um cavalo. Naquela foto, o primogênito de Sara, apesar desse peso ancestral, sorri para a câmera.

Poucos anos antes, Wilhelm Wagenfeld desenhara uma máquina de escrever portátil, levando em conta a máxima de um colega seu, Raymond Loewy, segundo o qual "feiura se vende mal". O objeto de Wagenfeld é gracioso se comparado aos pares contemporâneos. Os cantos arredondados deram leveza a algo que, embora compacto para a época, hoje nos parece inconcebível usar.

Em uma feira em Hannover, o produto de Wagenfeld foi apresentado numa exposição chamada A Boa Forma Industrial, o que coincidia com a crença do designer de que "produtos populares podem ser tão bons, úteis e bonitos que sua difusão em larga escala é o grande avanço de nosso tempo". Esses produtos, para ele, deviam ser baratos para o trabalhador comum e suficientemente bons para os abastados. O nome ABC, no canto superior esquerdo da máquina, era só o que faltava.

Não havia sido desenhada por Wagenfeld a máquina que o dono da casa talvez estivesse usando no momento da foto em seu jardim ou mesmo quando se reunira a outra família em outra latitude. De seu pequeno escritório, ouvia-se o som ritmado de uma máquina de escrever mais pesada, acostumada ao trabalho célere de um datilógrafo exímio — para dizer o mínimo. Anos depois, esse escritório seria ampliado, avançando pela lateral mais larga da casa, para abrir espaço à multiplicação dos livros. A nova versão do escritório era acessível pela sala principal, mas se abria também para essa lateral onde, por uns tempos, crianças brincaram para fugir do sol inclemente, que castigava não só a casa, a rua, o bairro, mas a cidade inteira.

Em Paris, um pai, afinal, de fato olha para seu filho.

O bebê se chama Eric, e o trio parece harmonioso. O casal, feliz. O pai, orgulhoso. Ele sorri para o filho. Eric está no colo da mãe, Gisele. Não parece, mas é ela que o segura por trás. Enquanto Paul, o pai, o toca como a uma pena, o cigarro entre os dedos — permitido pela época.

(Quando tinha cinco anos, o menino recebeu o seguinte bilhete: "Meu querido Eric, escrevo aqui com a pena de pombo encontrada na rua, que você acaba de me dar. O que eu poderia escrever senão isto: Amo você do fundo do coração, meu filho, que também encontra minhas penas. Seu papai".)

Os três moravam num apartamento abaixo do nível do solo, de modo que da janela viam as pessoas na rua, ou suas pernas passando, e as penas voando apressadas pelo frio.

Se alguém estivesse interessado em bisbilhotar uma família formada por uma artista plástica, um poeta e o filho único, o inverno escuro teria dificultado o olhar de fora, embora a janela facilitasse a devassidão. Se ocorresse a alguém se ajoelhar, esgueirando-se, talvez tivesse presenciado o dia em que Paul, ensandecido, ameaçou Gisele com uma faca, numa época em que Eric já não era tão bebê assim. Mas o filho pôde guardar consigo a foto de dias melhores em família, para provar que a vida toma rumos previsíveis, e que as fotos congelam os improváveis.

Paul Celan talvez usasse uma ABC.

Numa árvore do jardim morava uma família de timbus, bichos devoradores de insetos peçonhentos e semeadores naturais das frutas que consomem. Os timbus parecem ratos, mas são marsupiais. A moradora do buraco na árvore carregava seu filhote numa bolsa na barriga, protegendo-o a todo custo. A ninguém nunca ocorreu fotografar essa família.

Duas Olgas

A largueza do muro branco e baixo da casa era interrompida duas vezes. Na primeira, um portão duplo dava acesso a uma rampa por onde subia o carro da família e dos amigos. Na segunda, um portão mais estreito conduzia, quando aberto, a uma passarela descontinuada duas vezes por curtos lances de escada e que acabava bem perto do terracinho-tabuleiro, ou seja, da entrada da casa.

Esse portão era solenemente ignorado pelos moradores, pelos parentes e por quem lá fosse. Todos preferiam usar a rampa e se anunciar aos poucos e de modo menos cansativo. Além disso, quem estivesse na sala avistava melhor essa subida paulatina e se preparava para os visitantes, que, naquela época, não tinham por hábito prevenir os anfitriões de sua chegada, muitas vezes bem-vinda, outras não.

Tempos atrás, esse último lance de escada que ninguém usava fora ladeado por um canteiro de uma flor comum e abundante, de odor delicado, ajasminado, praticamente a única alegria comprovada da longa vida de Olga. Todos os dias ela mandava colher alguns botões, uns destinados a perfumar as gavetas com lençóis e fronhas, e outro tantinho posto por ela própria num copo d'água na cabeceira de sua cama de solteira. Era o suficiente para que todo o quarto exalasse um perfume que ficava na memória de quem entrava ali. O nome da flor era borboleta.

Olga se casara aos catorze anos com João, com quem teve vários filhos e filhas, alguns dos quais nem chegaram à vida adulta, apesar dos cuidados da mãe. Muito tempo depois, quando Olga já morava com um deles na Casa das Borboletas, morreu repentinamente o primogênito, também chamado João. Já bem velhinha, não notou que o filho morto fora substituído pelo neto também primogênito, ali no seu quarto, enviado para que não desse pela falta, o que de fato funcionou, bastando para isso que ele lhe trouxesse as borboletas todo dia.

"João", balbuciava ela sem sorrir (assim me permito imaginar, pois Olga nunca sorria).

"Isaac", chamaria pelo marido a doce e valente Olga, a outra bisavó, que fazia pastéis de uva inimagináveis quando você ia vê-la. Isaac, seu grande amor, com quem se casou adolescente depois de conhecê-lo na terceira classe de um navio ao fugir de pogroms desde os confins da Bessarábia para o Brasil. Décadas mais tarde, as fotos mostram seu sorriso discreto e apaziguado.

Meios-sorrisos parecem ter se concentrado todos nas mulheres da era pré-revolução sexual. Mostrar os dentes era exalar indecência, antes dos anos 1960 e do advento da pílula.

No mais, eram discretos ou tristes, os sorrisos?

Eis que no topo da escada está Olga, viúva, acenando para a foto antes de entrar no avião. O sorriso que não é para estar, e por que estaria? Para Olga, foto é registro, e mais: é obrigação de registro. A ocasião é solene e pede tailleur — certamente seu melhor traje para a melhor viagem.

Olga de João talvez nunca tenha entrado num navio, embora seu marido fosse diretor do porto do Recife. E assim como morrera numa cama de solteira, talvez nunca tivesse tido uma de casal, os filhos se multiplicando e se acomodando pelos poucos quartos e até pelo corredor da casa. João, cada vez mais ensimesmado — mais casado consigo mesmo. Olga não chamava por ele ao ver o neto, "João, João!". *Las cosas que quedaron por decir*. Afinal, quase já não se falavam nos últimos anos de vida do marido.

Além do copo d'água para molhar os talos das borboletas, é possível que Olga usasse outro copo para mergulhar sua dentadura em alguma solução desinfetante durante a noite. Era comum, naquela época, e mesmo com recursos financeiros disponíveis, que tanto dentista quanto paciente preferissem se livrar de qualquer estorvo bucal com a extração pura e simples da dentição permanente, não raro muitos de uma vez, depois do que se aderia a uma prótese rudimentar, grudada à boca durante o dia com um produto que hoje é chamado selante, uma cola com duração limitada.

Se na primeira metade do século 20, o tempo de juventude e vida adulta das duas Olgas, as populações padeciam de dores, infecções e mutilações causadas pelas cáries, um século depois os trinetos delas já não sabem o que é corrosão dentária bacteriana nem um dente escavado por uma broca, praticamente oco, para ser preenchido pelo antipático amálgama (mais tarde trocado pela resina). Graças às ações de saúde pública que, embora introduzidas com o atraso costumeiro, permitiram fluorar a água encanada e obrigar os dentifrícios a fazerem o mesmo. O gosto da vitória, hoje, é poder escolher o melhor deles, em meio a uma enorme variedade de ofertas e com a prometida eficácia.

Foi Gilberto Freyre, ao citar as *Cartas* de Luiz dos Santos Vilhena em seu *Casa-grande & senzala*, que reparou na relação entre a perda dos dentes e o consumo do açúcar, principal produto brasileiro nos séculos 16, 17 e 18. Relata-se nas *Cartas* que, em viagem pelo interior de São Paulo, o médico sueco Gustavo Beyer se impressionara com a falta dos dentes incisivos pela "gente de classe baixa", que passava todo o tempo com alguns pedaços de cana na boca, imaginando ele que essa também fosse a causa de haver "mais gente gorda que em outros lugares". Beyer anota que a "classe superior" também comia cana e seus derivados, assim como os bois e burros. "Encontram-se eles tal qual seus condutores, mastigando cana. É um refresco para todos durante o calor."

Naquele tempo, a cultura da cana-de-açúcar ainda não havia sido substituída em São Paulo pela do café, e no Nordeste de Olga ela predominou ainda por muito tempo, talvez para manter fechada a boca do povo. Quando não consumido in natura, nosso mais precioso produto era transformado em doces de frutas feitos nos tachos remexidos paciente e servilmente pelas negras suadas na cozinha das casas-grandes e pequenas, entre outras guloseimas descritas pelo mesmo Freyre em *Açúcar* (ou *Assucar*, de 1939), que denunciam a exorbitância no uso do ingrediente e o lado bom da herança lusitana: "MELINDRE. 1 coco ralado, 3 xícaras (500 g) de açúcar, 3 ovos. Mistura-se tudo, põe-se em forminhas forradas com papel passado na manteiga e leva-se ao forno brando".

"A mais bela chegou" — é o que consta significar o nome Nefertiti, rainha egípcia notável pela beleza, supostamente nascida em 1380 antes da Era Comum. Sua imagem mais conhecida, um busto austero de cerca 3400 anos encontrado pelos alemães em 1912 e desde então exposto em Berlim, se tornou parâmetro estético, elevando a esposa do faraó Aquenáton a ícone de beleza feminina. A peça de calcário, atribuída ao escultor Tutemósis, passou a ser uma das obras mais reproduzidas do Egito Antigo.

Em 1964, a Nefertiti pernambucana tinha dezenove anos, quando a polícia a identificou com o número 35273, cuja soma, 2 (3 + 5 + 2 + 7 + 3 = 20 = 2 + 0 = 2), ela se encarregaria de fazer rapidamente, por hábito e inutilidade, se no momento da foto não estivesse pensando na filha de poucos meses e nos parentes encarcerados, no país à deriva. Esse registro não existiria se não tivesse sido feito por um fotógrafo da polícia política: o retrato de um rosto a um tempo plácido, assertivo, ingênuo, adolescente e maduro pela força dos fatos. Ao contrário dos trabalhos de Helmar Lerski, precursor da fotografia moderna que fazia dos retratos verdadeiras esculturas esculpidas por luz e jogo de espelhos, e os transformava em personagens para além dos retratados, fazendo com que o real e o fictício fossem um só, o retrato da jovem mãe, que a imaginação — não o fotógrafo — transformou em Nefertiti, esse retrato não mistura nada a não ser o real e o real.

Atrás da boca de lábios carnudos estavam guardados todos os dentes, escondidos, sem qualquer motivo para se exibirem sorrindo, muito menos para dar com a língua neles.

Ao ser fotografado no pátio interno do Forte das Cinco Pontas, no Recife, para onde fora transferido depois de ser espancado em praça pública com um cano de ferro por um tresloucado coronel Villocq nos primeiros dias após o golpe de 1964, o líder comunista Gregório Bezerra tampouco sorri para a câmera. Tem sessenta e quatro anos. Um ancião, portanto, já que em 1960 a expectativa de vida no Brasil era de cinquenta e dois anos e meio. Calvo e de cabelos brancos, mas esguio, o ex-militar está sentado no chão do pátio da prisão, descalço e só de bermuda. Soldados fortemente armados o guardam, e talvez mal saibam ler o que parece lhes dizer a frase pintada na parede do prédio histórico: "Cumpre com o teu dever" — pois, naquela década, quarenta por cento dos jovens e adultos eram analfabetos no país.

Filmes e fotos do espancamento de Gregório pelas ruas da cidade logo desapareceram dos arquivos dos jornais, transformando essa imagem em um dos únicos registros da barbárie. Isso diz muito. Que se note a disposição dos soldados nas laterais, com destaque para o que está em primeiro plano, à direita e de costas, empunhando o fuzil com obediência, enquanto colegas diante dele parecem conversar distraídos, só compondo a cena. Do lado esquerdo, a porta gradeada está ali para nos lembrar que depois Gregório será recolhido. A frase pintada com esmero em duas cores, e a primeira palavra pela metade — pelo menos na foto — permitem a suposição: "Sempre com o teu dever", "Supre com o teu dever", "Descumpre com o teu dever".

Mas nosso olhar se fixa em Gregório, que aos quatro anos já trabalhava nas plantações de cana-de-açúcar para adoçar a vida e fazer caírem os dentes dos outros; que só aos vinte e cinco aprendeu a ler; que aos quarenta e seis se elegeu deputado constituinte; que aos sessenta e quatro escapou do linchamento incitado por um monstrengo; que aos sessenta e nove foi trocado, com outros presos políticos, pelo embaixador norte-

-americano. Aos setenta e nove, voltou ao Brasil, anistiado. Só então sorriu. Em todas as fotos. Aos oitenta e três, morreu do coração.

Como se soubesse da aflição por que sua mãe passara ainda adolescente, carregando a filha bebê para dentro de uma prisão; do sofrimento de Gregório, padrinho de casamento de seus pais, que só a dignidade alenta; da solidão do avô no escritório, ora preparando a defesa do amigo e de tantos outros, ora as memórias que descrevem anos tão turbulentos. Como se soubesse que a vida passa, conforme mostra a de Olga; ou como se até conhecesse um passado mais passado ainda, mas ainda presente, que transforma uma boneca negra em excentricidade. Como se soubesse de tudo isso, a menina que agora tem um rosto não sorri, embora certamente alguém lhe tivesse pedido para, ao menos, esboçar um sorriso.

Ela se limita a abraçar a boneca, a sentir o olfato das borboletas — que invadem o lado direito da foto, ladeando a escada que ninguém subia nem descia — e a guardar seus dentes para tempos melhores.

Mas alguém pode explicar por que é que, quando a vida afinal lhe ensaia uns sorrisos e você pensa em retribuir, os dentes se põem a cair?

Porque te vas.

Os acontecimentos

Depois de atravessar o Atlântico, a aeronave começa a se aprumar para aterrissar a poucos quilômetros dali, não muito longe do litoral, num aeroporto bem localizado, embora em área densamente povoada. Desacelerada, ela vem rasgando os ares e proporciona uma visão inesquecível aos passageiros ainda sonolentos e ofuscados pela luz do dia. Quando chegam à tardinha, são recepcionados pelas sombras gigantescas dos espigões construídos à beira-mar, ataques à praia de Boa Viagem incansavelmente alertados pelos tubarões que ali se instalaram ao longo das últimas décadas para guardá-la dos predadores, sem angariar muita simpatia, porém.

O mapa do Brasil dá a entender, pelo menos a quem não pilota, que o avião poderia entrar no território continental mais ao norte e ir descendo nos dois sentidos: tanto ao sul como em altitude, como desejariam passageiros ansiosos por alcançar o destino. Mas, não. Aquela chegada espetaculosa, embora nada comparável ao impacto de quem sobrevoa pelas primeiras vezes o aeroporto Santos Dumont, talvez seja um aviso de que, não, o Recife não é uma cidade qualquer.

*

Quase setenta e duas horas após sobrevoar o mesmo oceano, a uma velocidade média de cento e vinte quilômetros por hora, um número bem menor de passageiros e muito maior de tripulantes do dirigível de cor prata LZ-127, conhecido como Graf Zeppelin, finalmente avista, às 16h15, Fernando de Noronha, o primeiro pedaço de terra brasileiro. A paisagem em 1930, nítida àquela altitude baixa — para os padrões atuais —, era algo que nossa mente, acostumada com as imagens que temos hoje, dificilmente poderia imaginar, mesmo capaz de admirar a beleza atemporal da ilha. "Uma imagem das 1001 noites", relata o viajante Carl Bruer em seu diário, anotando também que, às sete horas da noite, os vinte passageiros se serviram do último jantar. Bruer conta que o Zeppelin — este, sim — adentrou o continente pela Paraíba, chegando pontualmente a Pernambuco às dez horas da noite de 22 de maio, feriado municipal no Recife, recepcionado por 15 mil curiosos e Gilberto Freyre, que ali representava o governador do estado.

O Campo do Jiquiá, até hoje conhecido como Torre do Zeppelin, foi onde o dirigível atracou, numa operação que exigiu mais de duzentos homens. Aos olhos de quem vê o mapa, não fica muito longe do aeroporto dos Guararapes, a menos que seja preciso enfrentar o trânsito do século 21. Localizado ao norte do aeroporto naquela época inexistente, o Zeppelin poderia chegar com um sobrevoo pela praia do Pina, prosseguir sobre o rio Tejipió e já localizar o local de atracação. À noite, porém, de nada serviria essa apoteose.

Tripulantes e passageiros do dirigível, que descreveram detalhes observados de cima, como os movimentos de rebanhos europeus ou acenos de navios em alto-mar, poderiam ter avistado, poucos anos mais tarde, no Pina, dois jovens em uma das muitas jangadas estacionadas na praia de faixa larga de areia esperando saírem para a pesca, amparadas sobre pedaços de troncos de coqueiros que se revezam, rolando, até chegarem à beira do mar, onde, com sua madeira mais leve, elas boiam sem dificuldades, desonerando o trabalho braçal.

Jangadas são a versão nordestina do *stand-up paddle*. Como o nome de um já diz, na outra o pescador também fica em pé, navegando com a ajuda de um remo que os indígenas chamavam de "jacumã". Antes dos portugueses, jangadas se chamavam "piperi", mas agora isso não vem ao caso, seria voltar demais sem a certeza de encontrar o começo. Importa saber que o jangadeiro tem a ajuda da vela latina, de forma triangular graciosamente assimétrica, que lhe permite navegar contra o vento sob o efeito de manobras engenhosas, graças a uma construção refinada com encaixes de madeira e cordas e nenhum metal. As pranchas de *stand-up* nas praias do Rio comportam uma pessoa. As jangadas, de três a cinco. Hoje em dia já não levam pescadores, mas turistas. As velas, antes branquíssimas, hoje estampam propagandas de candidatos e outros patrocinadores.

Resta mistério se a fotografia lavada foi pirraça da luz contra um diafragma desavisado ou se o esmaecimento é produto natural do tempo. Por isso é permitido supor que uma dessas velas latinas estivesse enrolada em torno do mastro, mas — justiça seja feita — na foto se preservou a brisa nos cabelos dela, despenteados para a época. Os dele já eram comportados na juventude, assim como a elegância notória. Não há memória de meu avô que não seja assim, nem de minha avó que não seja descontraída, vestida sem se deixar oprimir. Embora os dois olhem para a câmera, não posam propriamente. Sozinhos, na praia, estão acompanhados de alguém que os fotografa, e isso já bastava para fazer uma revolução.

Mais do que a pintura, a fotografia oferta a lembrança e a revelação do caráter, do temperamento, da postura, mais até do que da aparência de pessoas próximas ou nem tão distantes. E facilita o caminho regressivo proposto na pergunta de W. G. Sebald encaixada num poema que, não por acaso, ele diz ser elementar: "Até onde se pode voltar atrás, para encontrar o começo?". Aqueles jovens já eram meus avós e eu até me vejo ao lado deles, embora na foto ainda fossem somente primos-irmãos.

Entre a passagem do Zeppelin na década de 1930 e os trens de pouso tocando o topo dos espigões de Boa Viagem, houve uma menina dentro de uma paisagem em preto e branco do pintor holandês Frans Post.

Nas paisagens marítimas de Frans Post quase sempre o mar está em último plano, com a vida e a natureza terrestre em destaque. Na paisagem que o holandês poderia ter perpetuado se fosse fotógrafo, séculos mais tarde, a ordem se inverte: em primeiro plano o mar, em segundo a menina excepcionalmente risonha e, por último, o essencial em Post — os coqueiros —, com os sargaços distribuídos pela areia. Tudo dando a entender que estávamos, o holandês e eu, em Itamaracá. Porque, sim, Frans Post esteve na ilha.

Sargaços já foram mais frequentes em Boa Viagem, e nunca deixarão de existir, a menos que desapareçam também os arrecifes dos quais se desprendem, aqueles perfilados ao longo da praia e visíveis na maré baixa, quando então se formam as piscinas, inatingíveis para os tubarões, mas depósitos de lixo de toda espécie (para não dizê-lo com todas as letras), que na preamar é ofertado aos tubarões famintos, perigosamente expostos à sujeira humana.

Essas piscinas são um presente da cidade à infância e à lembrança de qualquer um que consiga contemplá-las, apesar dos pequenos pecados cometidos pelos banhistas no entorno e por nós mesmos. Por mim. Elas possibilitam a brincadeira à beira d'água sem exposição ao alto-mar, são a porta de acesso a um território aquático sem ser: o dos arrecifes. Ali, só ali, habitam seres inesquecíveis, alguns em novas piscinas — as piscinas dos arrecifes —, onde a água está livre da sujeira da praia, é límpida e fica sempre renovada pelas marolas, anúncio da preamar. Caminhar descalço pelos arrecifes é uma das primeiras exigências de uma vida aventurosa, uma excentricidade da qual a criança só vai se dar conta, se tiver sorte, décadas depois, como justamente eu, agora.

As piscinas esverdeadas mais populares do mundo também me propiciaram um dos primeiros aprendizados no mar: boiar — porque eu sabia que, havendo malogro, o fundo estava logo ali. Boiar é uma prática meditativa, que de quebra se assemelha à vida intrauterina, e confirma o mar como uma forma de silêncio: assim que os ouvidos submergem, os ruídos do mundo se misturam e se afastam, e você se entrega a sua leveza; fica exposta à mínima correnteza, que, não fossem justamente os arrecifes, poderia empurrá-la para reinos marítimos distantes. Os mais medrosos desejavam, intimamente, durante aquele vazio silencioso, que ao emergir tudo fosse muito diferente, melhor.

Num tempo quando os tubarões ainda não haviam aportado, os banhistas eram mais bem-educados, os sargaços se multiplicavam com menos recato e as ondas pareciam muito maiores (aos olhos da narradora muito menor), entrar no mar em Boa Viagem, mesmo na maré cheia, ainda não oferecia perigo.

Das lembranças mais incômodas da infância, há as batalhas travadas contra o mar (o mar: "a mais ininteligível das existências não humanas"). As ondas vêm superando os arrecifes e se desfazendo no limite entre a areia molhada e a úmida, às vezes de surpresa, para desmanchar um castelo construído aos poucos na maré baixa. Antes que o castelo ruísse ou um par de sandálias fosse sugado pelo repuxo, uma criança lutava por segundos que duravam muito, caso não atravessasse a onda mais ousada na hora certa ou não mergulhasse a tempo, desviando-se dela por baixo; então era derrubada, para ser despejada na beira, com sorte. Enquanto isso não acontecia, a criança se via no meio de um terremoto, no auge de uma viagem de ayahuasca ou no epicentro de uma cumulus nimbus, durante um temporal. Tudo solitariamente, inconfessadamente — o mistério dos sarrabulhos é que nunca são vistos, embora todos sejam testemunhas oculares. E me levantava disfarçando o susto, mas pronta para o próximo embate, "cumprindo uma coragem".

Mais ou menos na mesma época você olha para a câmera com o sorriso de hoje e as pernas do tenista no futuro. Ao olhar esta fotografia, eu poderia me apaixonar por você, menino de seis anos. Você já estava lá. E seu avô, quero crer, rindo também, caminhando em sua direção. Subentendida na foto, mas não avistada, está sua bisavó Olga, aquela que chegou ao Brasil pelo mar como Clarice (a mais literária das existências sobre-humanas, Lispector escondida nas aspas do parágrafo anterior), as duas navegando as águas do mundo para aportarem cada uma em seu litoral, sua paisagem. Em último plano, vê-se o mar de Atlântida, sem os coqueiros de Frans Post. O guarda-sol fincado pela família fica longe de onde você pega jacaré, as ondas indo e vindo leves e ligeiras, *Jeux de vagues, La Mer*, Debussy.

A foto é em preto e branco, mas o mar, azul, azul.

Alguém prestava atenção em você na beira da praia, surfando na prancha de isopor, alegre, indo e voltando e para um lado e outro e se deixando levar pela correnteza e se afastando, para dar em outros costados e nunca mais ser achado? E se nunca mais o achassem, eu o teria encontrado, um dia?

Depois de uma dessas trapaças praieiras, a menina se levantou ainda meio zonza, com os cabelos e a roupa de banho pesados, de tanta areia. Olhou para a frente e para os lados e deduziu que havia sido esquecida ao sabor das ondas nervosas. O sábado ensolarado lotava a praia e dificultava uma busca, que lhe parecia inútil. O mais difícil da volta a pé não era a distância, nem a direção do caminho certo, mas ter que pisar descalça na areia seca, na calçada de pedra e sobretudo no asfalto, com o sol a pino, plagiando o trajeto do carro para casa em cima do viaduto das Cinco Pontas. Ali, enfim, foi resgatada pela família, que também voltava, cansada de procurá-la pela praia e prestes a apelar para a polícia.

O viaduto tem esse nome porque praticamente encobre o forte das Cinco Pontas, aquele construído em 1630 pelos holandeses e que hospedou Gregório Bezerra. Mais tarde, uma de suas pontas foi destruída pelos portugueses numa batalha. Maurício de Nassau dizia que ele protegia as cacimbas, "as únicas que podem fornecer água ao Recife". Foi reconstruído perdendo definitivamente seu quinto bastião, e, embora tenha guardado seu nome na boca do povo, acabou debaixo de um viaduto, obra do progresso atrasado. O forte foi prisão de revolucionários, palco de enforcamento de líderes da Confederação do Equador e local de execução de Frei Caneca. Mais adiante dele estão as Torres Gêmeas, luxuosa dupla de prédios — ocupada em parte por coreanos, que recebem produtos de ultramar em seu deque — que são o retrato de uma modernidade mais recente, a mesma que construiu a muralha entre a praia e seu quintal, naquele mesmo trajeto.

Nem bem haviam chegado para o almoço, gritou o irmão: "Primeiro!", o que, segundo o código familiar, significava que ele queria ser o primeiro a tomar banho onde só havia um banheiro, sem se importar com a primazia natural dos adultos ou que a menina tivesse andado alguns quilômetros sob o sol, entupida de areia e de susto — mas deste ninguém sabia. Se foi o primeiro a se manifestar, era dele o primeiro lugar na fila. Ali reinava a justiça.

✳

Um cálculo pouco científico resulta numa soma de quase vinte mil mudanças de maré desde aquele sábado de ondas brincalhonas, regidas pelo jogo de atração da força gravitacional entre o planeta e seu satélite, se considerarmos uma variação por dia (às vezes duas). Muita água salgada foi e voltou, como só o mar sabe insistir, como que para vencer pela repetição e não deixar de lembrar, dizendo daquele seu jeito, da maresia subliminar a quem nasceu no litoral. Depois dessas vinte mil léguas e tantas caminhadas quase sertanejas, essa maresia recende ao laquê do século 21, um produto para quem quer o cabelo domado ou propositadamente arrepiado. "Ele imita a água do mar", arrisca o vendedor sem muita convicção, sem se saber poeta desse verso solto, *salty*.

Comparada a cidades invadidas pelas águas — Amsterdam, dois metros acima do nível do mar, e Veneza, a um metro —, o Recife, com seus rios, igarapés, mangues e o mar, está a dez. Em 21 de julho de 1975, porém, essa vantagem de nada serviria diante da tragédia anunciada boca a boca, rapidamente. Dias antes, a cidade fora castigada por uma das maiores cheias das tantas que destruíam seus bairros. Naquele ano, a destruição resultara de chuvas incomuns e do transbordamento dos rios que cruzam a cidade, apesar de, dois anos antes, em 1973, ter sido construída na Zona da Mata a barragem de Tapacurá, justamente para conter o rio de mesmo nome. Naquele dia de céu limpo se espalhara pelo Centro, como rastilho de pólvora, a maior fake news de todos os tempos, antigamente chamada "boato", dada a mesma velocidade de propagação e do desmentido subsequente dos dias de hoje.

"Tapacurá estourou!" Naquele momento, muita gente saía às compras de produtos de limpeza para remediar os estragos da inundação em casa quando foi pega de surpresa por essa notícia amedrontadora. Não havia muito aonde ir ladeira acima, numa cidade baixa. Corria-se em todas as direções, sem ter ou saber onde se refugiar, e já ali muitos morreram de susto. É de supor que fotógrafos também quisessem escapulir para algum lugar, pois sobraram poucas imagens do apocalipse. Estive lá e acho que voltei.

> *Os acontecimentos de água*
> *põem-se a se repetir*
> *na memória.*
>
> João Cabral de Melo Neto

Fio da meada

Houve um tempo em que os inimigos moravam em planetas distantes, mas estavam muito bem informados do poder destruidor dos terráqueos. Para combater os inventores de bombas capazes de dizimar populações inteiras — os que jogavam lixo radioativo de testes nucleares no mar e, como se não bastasse, planejavam invasões a outros planetas —, os extraterrestres chegavam em naves espaciais, dispostos a impedir mais estragos neste planeta e também nos vizinhos.

Disfarçado de simples mortal num Japão ainda movido pelo trauma de Hiroshima e Nagasaki, vivia o professor Massao Hata, mais conhecido como National Kid, o super-herói vindo da galáxia Andrômeda disposto a nos salvar dos ataques dos incas venusianos e dos seres abissais. Kid, anunciado como cavaleiro da paz e da justiça, tinha National como primeiro nome não por acaso, patrocinado que era pela marca de rádios e televisores de mesmo nome, depois rebatizada Panasonic.

Tanto no Japão como no Brasil — únicos países que veneraram o super-herói japonês —, Kid voava de braços abertos e enfrentava inimigos num embate coreográfico: sua capa tremulava diante do então revolucionário efeito chroma-key, recurso que imprimia às cenas uma veracidade que, hoje, não é capaz de convencer sequer um humano que ainda engatinha.

Mas, ao contrário do que acontecia no Japão, às crianças brasileiras pouco importavam as consequências do descarte de lixo radioativo ou o mau uso da energia nuclear quando em 1970 a Rede Globo exibiu os episódios — pela última vez em TV aberta e com a dublagem original. Mais especificamente, as crianças da casa do Cajueiro — bairro a que se chega depois de passar pelos de nome Encruzilhada, Água Fria e Fundão de Dentro —, que não tinham ideia do que eram os testes nucleares contra os quais os incas venusianos lutavam, embora morressem de medo deles. E aproveitavam os charmosos desníveis externos da Casa do Cajueiro para realizar o que acreditavam ser voos rasantes gramado abaixo, na luta nada vã do herói japonês em jardim pernambucano. O ponto alto do combate era a capa (vestida por quem fazia as vezes de Kid, alternadamente), costurada num dos cômodos da casa, justamente um ateliê de roupas nada convencionais, como pedia a época.

Entre uma luta e outra, numa espécie de trégua ou outro tipo de disputa, os netos da modista caçavam gafanhotos no gramado: era preciso enxergar na grama os pequeninos insetos de mesma cor, cuja leveza facilitava uma coreografia saltitante, de gestos retos e decididos, não muito diferentes daquela aprendida com National Kid. Depois de capturados por mãos em concha, se não escapavam em vertiginoso salto, os gafanhotos iam parar em copos de vidro, trancafiados como troféus — mas para quê mesmo?

Dentro de casa, do lado extremo esquerdo, vinha o tamborilar frenético daquele que tinha muito a contar, escrevendo. Alguém ainda conseguirá imitar o som da máquina datilográfica, talvez com um aplicativo que o reproduza em ritmo e intensidade variados (a depender do desconsolo, do entusiasmo ou da raiva acumulada do escritor). No outro extremo — cuja distância o tempo tratou de estreitar —, ouviam-se sons mais caóticos, sem a cadência do pensamento, sem as alternâncias de reflexão e ação, como convém a quem nunca escreveu podendo apagar e reescrever em seguida, num computador.

Saio cedo da cama querendo que os dias caibam em mim, sete vezes por semana. Engulo quase correndo o pão com manteiga, ajudada pelo gole de café. Café coado, claro. Aqui em casa, dorme-se com a mesa posta para o dia seguinte. Tem quem encontre beleza em acordar e contemplar uma cena sem nome, mas cheia de significados. Nunca pensei nisso, acho apenas prático que a mesa já esteja feita de manhã cedinho. Folheio o jornal deixado na porta de casa. O jornaleiro sobe a rampa toda, coitado, e o entrega na minha mão, porque ele não passa aqui assim tão cedo, antes que eu acorde, jamais. Com as novidades em dia, saio pra recolher umas pitangas do chão pro suco do almoço, visitar as plantas no jardim, reparar se já floresce-

ram as orquídeas que amarro no tronco das minhas árvores. Quem me conhece sabe que sou louca por orquídeas. Se não fosse eu, nem estariam aqui — e não seriam vistas. E se não fossem elas, eu não teria esse horário para escrever nadica de nada. Mas escrevo mentalmente, tento arrumar as ideias na cabeça, misturo a conversa da noite anterior, os sonhos no breve repouso, aquilo que me trouxe o jornal e o que tenho pela frente, o dia inteiro. Enquanto caminho descalça pelo jardim, nem me ocorre que as flores não saibam o que formulo em silêncio, numa folha de papel imaginária. Listas. Listas de tarefas a cumprir, listas de material de trabalho que preciso comprar, toda semana, sempre às segundas à tarde. É quando saio para o Centro em busca das melhores fazendas para meus modelos.

Na década de 1930, a indústria têxtil de Pernambuco era quase tão próspera quanto a do açúcar. O setor somava 5 mil teares que reuniam 80 mil pessoas em torno deles, produzindo 70 milhões de metros de tecidos com os estalos sincopados da madeira, algo como 8% da produção nacional. Mas, como parece ter sido o caso, a maresia tende a corroer o tangível, mas também o pensamento, mesmo que nos anos 1960 — e nem sempre perto do mar — houvesse 32 fábricas de tecido no estado. E mesmo que, depois da maresia, na década seguinte, uma praga tenha sido responsabilizada pelo declínio do setor têxtil em Pernambuco, minha avó saía em busca de seus tecidos numa ronda pelas principais lojas da cidade.

Ácaros, moscas-brancas, lagartas-falsas-medideiras, pulgões e percevejos-marrons causam estrago em plantações de algodão, mas não se comparam ao bicudo-do-algodoeiro, campeão entre as pragas, capaz de dizimar, numa única safra, 70% do plantio. Além de ter uma capacidade enorme de gerar descendentes imunes às armas químicas da agricultura, o bicho de apetite voraz —

que também responde (embora sem saber) sugestivamente por *Anthonomus grandis* — foi o vilão que tirou o trabalho de milhares de pessoas e empobreceu famílias endinheiradas pela tradição têxtil no Nordeste. Exercito-me imaginando gafanhotos em vez de bicudos, grama em vez de algodão, e as crianças da Casa trancafiando em frascos de vidro o grande antônimo da inocência saltitante de um gafanhoto, naquele terreno superlativo aos olhos da infância. E lá dentro, em vez da fábrica de tecidos, uma produção voraz que ia de vestidos de noiva modernos a capas de National Kid, feitos com matéria-prima adquirida em lojas que recebiam os morins fabricados em Moreno e os brins da Companhia Industrial de Pernambuco.

Tive um vestido de filó todo enfeitado de fitas. Quando esse vestido rasgou, fiz dele um véu de noiva para a minha boneca, e segui transformando por necessidade e prazer, até quando pude. Minha coleção particular: nomes de tecidos que amontoei na memória e nos guarda-roupas de casa. Era um deleite ver desenrolando da tábua, nas lojas, os metros de linho, brim e chita, mas também de alpaca, cambraia, fustão, gabardina, crepe, gorgorão, organza, sarja e xantungue. O movimento exalava um aroma muito familiar à medida que os tecidos se estendiam nos balcões. Familiar porque, por motivo que nem sei explicar, me lembra do cheiro dos livros em casa, e de fazendas, algodão e madeira oriundos de meu jardim, por assim dizer.

As tábuas produziam sons semelhantes aos estalos dos teares nas fábricas de antigamente, e aquele zunido, depois que o tecido era medido e ganhava um leve picote, desencadeando o definitivo rasgo... coisa boa de ouvir! Um espetáculo que atestava a destreza dos vendedores que me atendiam — e eu tinha meus preferidos! Depois aqueles pacotes de fazenda eram embrulhados em papel rosa, papel leve para tanto volume e peso, mas protegido pelo barbante e um laço bem dado, com nó cego. No mercado, ninguém nunca me ofereceu perpetuamas, picotinos e semtranas, fazendas dos tempos holandeses, parentes de "hornaveque", "arcabuz" e "chuço", palavras então contemporâneas. Na loja, você prestava atenção em tudo aquilo, cansava, e então eu pedia uma cadeira pra você esperar sentada enquanto eu terminava de escolher as fazendas mais baratas, como o morim, a princípio destinado a forros, que eu comprava no atacado para emendá-los com rendas, tingi-los e — como só eu — tornar nobre um tecido desprezado. Enquanto os embrulhos eram feitos, você, ainda sentada, observava os desenhos do modista contratado pela loja. Ele sugeria modelos às clientes a depender da festança, contanto, é óbvio, que a fazenda fosse comprada ali mesmo. E eu conferia todos os embrulhos, que um portador tratava de entregar em casa no dia seguinte ou mais tarde, naquele lugar de costume.

É admirável a facilidade dos desenhistas de moda tradicionais em inventar um croqui conforme o tipo de celebração e as preferências de cada cliente, a partir de uma folha em branco e lápis. Usando dedos e grafite, chegam às nuances de cinza e fazem surgir dali um corpo feminino irreal, perfeitamente proporcional.

A inspiração parisiense do exímio desenhista encaixava o modelo num ambiente estranho àquele croqui. Minha avó sabia disso, por intuição. Seus morins eram devidamente desengomados e costurados em sintonia com rendas de bilro e retoques com bordados em cairel ou ponto cheio, que faziam de uma noiva nordestina uma noiva nordestina.

Terminadas as compras essenciais, saíamos pelas ruas de comércio intenso do Centro em busca de aviamentos específicos. Íamos de rua em rua, fazendo hora. Não havia possibilidade de pouso, mesinhas onde parar e tomar um suco, um café, então andávamos exaustivamente até a hora do encontro no lugar combinado: o estacionamento onde meu avô guardava o carro, todas as tardes, não muito distante dali.

Mas longe de lá e tempos depois, nos Estados Unidos uma notícia dá conta de que bilhões, senão trilhões de cigarras emergiriam do solo depois de dezessete anos enterradas, sugando a seiva das plantas para sobreviverem. Na copa das árvores, machos tentam atrair fêmeas com seu canto, cujo consentimento é dado se batem as asas. A consequência cai das árvores seis semanas depois. Os ovos quicam duas vezes antes de submergirem de novo, para só saírem de lá adolescentes (se fossem gente), dezessete anos mais tarde, caso a temperatura do solo esteja, coincidentemente, a 17,7°C.

Apesar das alterações climáticas, o fenômeno milagroso continua a acontecer, incomodando muita gente. Talvez porque, quando as cigarras morrem depois do acasalamento, elas cheirem mal. Ou talvez porque o som concomitante produzido por milhares de cigarras, com os hormônios à flor da carcaça, incomode muito mais.

Já no microfúndio familiar, caíam do céu chuvas de inverno e fêmeas da formiga-saúva, as tanajuras, que não sobrevoavam o jardim para combater os seres alienígenas, mas para garantir a perpetuação da espécie: depois do voo nupcial, as tanajuras, imediatamente viúvas e por consequência rainhas, soltavam as asas e tombavam já pesadas, a ponto de se enterrarem no solo e fundarem novas colônias. "Cai, cai, tanajura, na panela com gordura!", era o chamado que se acreditava obedecido, em determinada época do ano. Fritas a céu aberto na própria lata em que eram acumuladas, as tanajuras viravam uma iguaria de tradição interiorana, expostas que eram ao fogareiro improvisado. Esse talvez seja um dos motivos pelos quais 99% dessa espécie de formiga não chegue a fundar novos formigueiros, mesmo que não se esqueça de trazer, na boca, uma pelota de fungo para viabilizá-los. Tudo planejado com rigor, não fossem os alVienígenas: avós e netos num jardim povoado por heróis e heroínas alados com as mais diferentes missões.

Nesse passado de rasa e rara alegria, o mesmo jardim é cenário para a menina vestida com as roupas inventadas pela avó: flores aplicadas no brim em conjuntos de peças sobrepostas, vestidos longos de mescla e renda misturadas, vestidos mini com decote careca e, também, os morins tingidos e marcados pelo elastex. Além dos macacões. Da capa de super-herói japonês travestido. E da psicodelia. As roupas eram uma das formas de protesto de minha avó: noivas se casando com tecidos populares, crianças com trajes que subvertem o mundo infantil tradicional sem torná-las adultas. E as fotos, contempladas no século seguinte, são uma forma de devolver verdade àquele passado bem guardado.

Às vezes a menina acompanha a produção: os moldes estendidos sobre o tecido na mesa da sala, adaptados das revistas especializadas, tudo sempre em horários proibitivos. A movimentação é feita aos sussurros para não atrapalhar o sono, seja noite adentro quando o marido não está, seja no fim da manhã, quando a parafernália têxtil desaparece para dar lugar ao almoço. Se ele não está, a cabeceira permanece vazia, sem que nada seja dito. Às crianças não se fala de tudo, cabe-lhes deduzir, e também nada lhes é ocultado — artifício reservado àquela família. Mas não há como escapar da tensão funda e cara nos dias em que o avô da menina não se senta à mesa.

Como quando a ausência dele se tornou irremediável, e a cabeceira foi arrastada até o canto mais próximo, marcando a insubstituição: o vazio rente à parede. Ou muito antes, nos dias seguintes ao encontro marcado no estacionamento, onde os agentes já o esperavam. Fomos embora sem ele, e mais uma vez pouco foi dito, mas quase tudo entendido.

✳

Meu amor,

é uma hora da madrugada. Não consigo dormir. Você disse que pensa em mim em todas as horas. Estará acordado agora? Precisa estar. Eu não posso admitir que estou acordada, viva, sem você. Mesmo em sonho você deve estar comigo. Recuso-me, às vezes, a dormir para não perder um só momento em que você pense em mim e eu não sinta. E por que agora tenho tanto a lhe dizer?! Por que só agora descobri que há um mundo de coisas que ainda não disse? E por que não lhe digo ainda quando nos vemos? Não pense nunca que quando choro aí, junto de você, é fraqueza. Talvez seja raiva por não poder resolver a situação, talvez seja timidez por não poder lhe dizer todas as palavras de carinho que tenho no coração, talvez seja a falta do homem que eu conheço tão bem. Quero fazer tudo o que estiver ao meu alcance para que você volte para a nossa casa. E se passarem dez anos, encontrará aqui um restinho de mulher, um restinho que você pode acariciar com orgulho e beijar com o mesmo amor. Mas sejam quais forem as minhas, as nossas angústias, não lhe pedirei nunca para renunciar às suas opiniões, ainda que, para nós dois, como um casal que se ama, isso viesse trazer alguma vantagem. O principal é ter sempre a certeza de que ninguém duvidará de suas atitudes, aí ou noutro lugar qualquer, de que terá sempre o respeito de todos os amigos e até dos inimigos. Nós nos aguentaremos de pé sejam quais forem as consequências. Espero-o de cabeça erguida, como quando saiu de casa. De que adiantaria para nós você voltar logo, mas não poder olhar na frente do espelho? Beijo-o na sua boca, nos seus olhos, nas suas ideias.

Enquanto nos anos 1960 as pragas punham fim a mais uma possibilidade de o sertão virar futuro, no Sul do país a primeira empresa têxtil da região também entregou os pontos, decretando falência em 1968, mergulhada em dívidas trabalhistas. Fundada em 1873, a Fábrica Rheingantz atraiu brasileiros e imigrantes europeus que viam nela uma oportunidade de trabalho. Pouco tempo depois, tinha quase mil operários e operárias e outras tantas costureiras trabalhando em casa, possivelmente na vila criada no entorno da empresa. Na passagem do século, já era um dos cem maiores empreendimentos do país. Era também reflexo de uma sociedade retrógrada: a despeito de serem maioria na fábrica, as mulheres nunca ocupavam cargos de chefia, destinados aos alemães e seus descendentes. Elas também não podiam adquirir uma casa na vila operária, pois para isso era preciso que fossem chefes, agora da própria família, posto automaticamente reservado ao marido. Na década de 1930, quando o trabalho feminino noturno se tornou ilegal, a Rheingantz tratou de angariar tecelões em Pernambuco.

Com oito anos, em 1857, Carlos Guilherme — ou Karl Wilhelm, com toda a certeza — viajara sozinho, num navio a vela, até Hamburgo. Sete anos mais tarde, partiu para viagens de formação, até voltar para fundar a primeira indústria de tecidos de lã do Brasil. Decidiu-se por Rio Grande — e não pela mais próspera Pelotas —, a única cidade do estado provida de porto marítimo, condição primordial para exportações e importações — o que também beneficiou a indústria tecelã de Pernambuco, que contava com o porto do Recife. No ano em que fundou a Rheingantz, como era conhecida a Companhia União Fabril, Carlos Guilherme se casou com Maria Francisca, cujo pai havia criado a firma que dera origem à fábrica em parceria com o alemão Hermann Vater, pai de Carlos Guilherme. Assim, pode-se dizer que o jovem empreendedor era sócio do sogro (Schwiegervater) e de Vater (pai). Uma empresa familiar, portanto.

Já no século 20, seu avô paterno fez o caminho oposto. Ao contrário de Carlos Guilherme, ele precisou mudar de continente (e de nome) para fugir dos pogroms na Ucrânia. Depois de atravessar os campos de trigo de sua terra, alcançar um porto e varar os mares, chegou a um lugar sem pogroms — pelo menos não como os que ele conhecia — e depois de um tempo começou a vender tecidos de porta em porta. Quem sabe, tecidos de lã, e, quem sabe, aqueles da Rheingantz.

Quando abriu sua loja em Porto Alegre, Poli, mulher de Felipe, já era mãe de seu pai. Na loja Confiança, o menino que você era também gostava de ouvir as batidas ritmadas dos tecidos que se descortinavam diante dos clientes. Sem saber, fomos unidos pelos sons que a memória tratou de guardar, tecidos por nossos avós, e também vestidos por eles, nos papéis adultos que nunca nos coube representar.

Assim como as tanajuras são comidas, as pupas do bicho-da-seda fazem parte da culinária de plagas asiáticas, cozidas e assadas e servidas de vários modos. Mas, ao contrário das tanajuras, pupas do bicho-da-seda não caem do céu, apesar de alguns quererem fazê-las tomar esse caminho para que sirvam de alimento aos astronautas, em missões duradouras. É em terra firme que as pupas se transformam, escondidas nos casulos de onde sairiam as mariposas, caso não fossem cozidas para serem consumidas. Mais importante: na terra firme é mais fácil desenrolar os mil metros corridos de fio de seda crua. Caso não sejam cozidas, há vários motivos que fazem o longo fio se romper, reduzindo o valor da seda. Mas uma vez mariposa, ela não conseguirá voar, porque é do tipo domesticada — pesada demais para tamanha proeza.

Muitas vezes devo ter me sentido e desejado ser pupa, na infância de protestos mudos e choros surdos. Outras vezes, porque era envolvida pelos fios de minha avó, que me vestia como princesa — a princesa de sua imaginação fervilhante. E havia vezes em que desenredavam de mim o invólucro protetor e mostravam-me a vida, e aquele reino vegetal, animal e humano que era a casa deles. Mas acho mesmo que um belo dia caí do céu com o impulso necessário para me enfiar nas terras daquele reino e emergir no tempo que me coube, pronta para voar de novo. Como National Kid.

Campos em disputa

Na avenida de mão dupla, o tráfego era sempre intenso: uma via era carregada de ônibus que conduziam os passageiros a bairros pequenos, numerosos e densamente avizinhados. Esses ônibus iam dar no Centro da cidade, como ainda hoje. Esse trajeto os obrigava a passar pelo estádio do Arruda, sede do Santa Cruz, time de futebol conhecido pelos torcedores fanáticos, cuja fidelidade independe de resultados positivos. As derrotas sucessivas, muito pelo contrário, são um estranho combustível para esse caso de cega paixão. Nas tardes de domingo, era preciso esperar o fim do jogo e a dispersão dos torcedores antes de passar em frente ao Arruda, ou seria necessária muita paciência por causa do burburinho formado pela gente que escoava de dentro do estádio, depois do suposto espetáculo em campo.

Na outra mão, do lado de cá da Casa, passavam os ônibus que tinham como destino lugares cada vez mais populosos e populares — bairros com nomes que apontam a localização da cidade à beira d'água e muitas vezes embaixo dela, como Peixinhos, Caixa d'Água, Águas Compridas, Aguazinha, todos nas proximidades do Beberibe, o rio menos conhecido dos dois.

*

Demorou séculos para que Jabebyrybe, do tupi, fosse se transformando no atual Beberibe, em velocidade inversa à deformação de suas margens. Se nunca se chegou a um acordo se a palavra remonta a "rio das arraias, dos peixes chatos", "onde cresce a cana" ou "voar em bando" — referência aos pássaros no entorno, em tempos remotos —, seja qual for a etimologia do topônimo, ela não corresponderá mais à paisagem que inspirou seu nome. Hoje considerado um dos rios mais poluídos do estado, o Beberibe é depósito de todo tipo de lixo jogado pelos ribeirinhos em suas margens antes asseguradas pela mata ciliar, que continha os dejetos. O Beberibe arrasta o entulho que, no Centro da capital, é acrescentado ao do Capibaribe, igualmente poluído. Juntos, rios e sujeira encontram o mar logo adiante. Já se pode imaginar.

Como vingança, quando chove (e como chove!), o Beberibe, sobrecarregado e entupido, destrói furiosamente os barracos instalados pelas quinhentas mil pessoas que moram em áreas banhadas por sua bacia. Historicamente, escravizados libertos, sem terem para onde ir, foram empurrados para a beira do rio e instalaram seus mocambos e terreiros no curso do Beberibe, uma zona que Gilberto Freyre descreveu como "subárea inconfundivelmente africanoide", enquanto a cidade branca, higienista, cristã, ocupava o vale do Capibaribe.

Era lá que morava Francisco Antonio de Oliveira, um dos maiores traficantes de escravizados de que se tem notícia, integrante de uma elite medonha cujos traços até hoje são percebidos quando se fala de tradição — mas da pior possível. Oliveira era também o dono de embarcações que cruzavam o Atlântico e chegavam ao quarto maior porto de desembarque de escravizados das Américas, ou ilegalmente, a praias como Ponta de Pedras, Pau Amarelo e as da Ilha de Itamaracá, chamadas de "portos naturais". Quando sobreviviam à travessia imposta pela elite traficante, muitas das milhares de pessoas negociadas por Oliveira chegavam com doenças como escorbuto, bexiga e disenteria, causas principais das mortes de africanos em Pernambuco. Várias eram levadas para Santo Amaro, bairro favorecido pelos ventos que sopravam em todas as direções, o que impediria a contaminação da população. Ali mesmo eram enterradas.

Nas eleições de 1849, Oliveira, do Partido Conservador, foi o vereador mais votado. Como presidente da Câmara, propôs a continuidade das obras do Cemitério de Santo Amaro, onde ele próprio repousa desde 1855, no mausoléu erigido sobre a prova de suas atrocidades.

Depois que o tráfico se tornou ilegal (mas muito depois), Oliveira tratou de diversificar os negócios e dedicou-se com afinco à obtenção do título de barão, concedido em 1853 em reconhecimento a suas realizações em prol do Brasil Imperial. Quando se cansava de seu solar às margens do Capibaribe, o barão de Beberibe ia para a residência de verão, a quatro quilômetros, que passou a ser conhecida como Palacete Beberibe e que, desde 1940, atende pelo nome de Museu do Estado de Pernambuco.

Uma foto comprova ter havido um tempo em que, na avenida Beberibe, os automóveis davam passagem às pessoas e em que tudo podia mudar se o caminho era tomado por outros fiéis fervorosos, os carnavalescos em dias de momo, cantando marchinhas hoje misóginas, homofóbicas e racistas. Sem falar nos confetes, banhos de talco, lança-perfumes e jatos d'água que completavam a hoje alegria indevida.

Não fosse a foto, não haveria contramão na história daquela avenida, atrapalhando tudo, nem Carnaval, que se impregnava ali em mim, nos braços de minha avó.

Mas não: fotos enganam o futuro, embora não mintam.

Quando o cordão de foliões não enfeitava a vida, fantasiados de modo improvisado ou embaixo de bonecos gigantes que impressionavam a infância, detinha-se diante da Casa, no lado carnavalesco da rua, um homem magro de olhos repuxados, cabelos penteados para trás, vestindo sempre camisa de manga curta branca e calça de cores escuras. Na fotografia que não existe, ele apoia um pé no muro em que se encosta e outro no chão, braços cruzados e ligeiramente inclinado, posição que havia encontrado para ganhar algum conforto nas horas seguintes. E então permanece olhando fixo, como se seu olhar atravessasse todo o terreno da Casa, não por profundidade, mas por falta dela. Está ali, mas é como se não estivesse, não existisse, como se fosse um juiz de linha em partida de tênis, cujo olhar perfura um ponto específico que lhe é dado inspecionar na quadra, como se não houvesse mais nada no mundo, nem mesmo dois jogadores em disputa. Só importa a bola, aquele objeto minúsculo que atravessa um espaço de duzentos metros quadrados e pousa com uma precisão bem treinada para ser, em ponto a ser milimetricamente capturado por ele, por ela, o juiz, a juíza.

É como acompanhar a trajetória de um cometa, tal qual o que se aproximou da superfície da Terra em 1910, a setenta quilômetros por segundo, quando também foi fotografado pela primeira vez, naquela mesma cidade.

Do outro lado do mundo, Hiroo Onoda também se viu diante de um desafio específico. Oficial do Exército Imperial Japonês durante a Segunda Guerra Mundial e alocado na ilha filipina de Lubang no final de 1944, ele recebeu como missão nunca se render aos inimigos nem se suicidar: precisava manter-se vivo e proteger a ilha de ataques adversários. Durante quase trinta anos, levou a missão muito a sério, sem acreditar que a guerra havia acabado, convencido pelos sinais bélicos que avistava no mar e no ar — arsenais empregados em confrontos posteriores, como na Guerra da Coreia.

Juiz de partida alguma, Onoda só deu por encerrado seu propósito depois de três décadas escondido na selva filipina, quando seu antigo superior, o major Tanagushi, havia muito um livreiro em Tóquio, foi até Lubang e ordenou que voltasse ao Japão, depois de depostas as armas, conservadas como tais à custa de muita obstinação.

Apesar do olhar dirigido ao nada e do comportamento aparentemente indiferente ao que o rodeava, o Onoda da periferia do Recife, embora não parecesse, também era um obstinado, tanto quanto um ignorado pelos passantes. Será que esperava por alguém que nunca aparecia, nem apareceria, assim como a guerra que nunca acabava, numa ilha perdida das Filipinas?

Um sujeito com poder de invisibilidade em corpo presente, capaz de perseverar no cumprimento de uma meta durante muito tempo, sem alcançá-la, essa seria a última coisa a despertar a curiosidade ou a preocupação de uma criança. Sem que eu nunca tivesse pensado no assunto até agora, percebo que o Onoda do Recife se consolidara em mim como um personagem a me acompanhar ao longo da vida; com os anos e as lembranças, conjecturo sobre as razões de um homem parar todos os dias para assistir à vida passar. Enquanto escrevo e busco respostas, vou até a janela do apartamento em que moro, no sexto andar, de onde avisto pessoas paradas, encostadas no muro de um prédio. Há dias a cena se repete. Estamos em 2022.

Com objetivo certo, embora de todo inútil, elas estão à espera de que algo aconteça na casa de Margarida Bonetti, que há anos se esconde atrás de uma máscara de Minancora. Margarida foi alçada a celebridade depois que uma reportagem reavivou a mácula da qual ela nunca se livrará: a acusação de manter uma mulher escravizada durante vinte anos, sob condições degradantes, nos Estados Unidos, de onde ela, Margarida, fugiu deixando para trás o marido, que cumpriu pena. De volta ao Brasil, ela tornou a se instalar na mansão da família e quase nunca mais saiu de lá, vencida, mas não condenada; numa guerra sem fim contra o mundo e escondida atrás da face tenebrosa, na expectativa do que finalmente acontece: sua identidade é revelada, apesar do rosto empastado. Lá embaixo, as pessoas esperam por Margarida, que passou todo esse tempo esperando por elas, dentro de casa.

São pessoas que duvidam da presença de Margarida na mansão, mas que a esperam, em sentinela. Enquanto isso, quem sabe, ela se acomoda em algum sofá velho e malcheiroso, rodeada pelo lixo que acumulou ao longo dos anos, que por sua vez atraiu as dezenas de ratos e baratas que, dizem, povoam a casa grande. Acima dela e abaixo de mim passeiam drones em busca de imagens capturadas através do teto salpicado de buracos, talvez a única fonte de água corrente da mulher — quando dá de chover na aridez da cidade.

Como os Onodas japonês e recifense, as pessoas esperam por Margarida, mas veem apenas uma mansão em ruínas, num terreno onde também caberia uma quadra de tênis. Juízes de linha torcem para que finalmente se faça justiça — a deles.

Também estou dentro de casa (a minha) e escuto um carro que passa e faz ecoar o grito do motorista: "Margarida, desgraçada, você vai arder no fogo do inferno!". Lá embaixo, as pessoas que bebericam cervejotas e retalham pizzas fingem gentileza, expressam perfídia: "Margarida, quer um pedaço?". Embora alguns pensem que não esteja mais ali, ela ouve tudo no escuro, atrás da porta, durante semanas, meses.

O terreno em formato retangular da Casa-Quadra permite fantasiar, de um lado, o juiz de linha impassível, caçando bolas imaginárias, e no extremo oposto — portanto, nos fundos —, uma juíza de linha que por décadas observou a família de perto sob perspectiva diferente: Maria, que chegou quando a Casa começou a ser povoada pela nova geração, acompanhou o crescimento das crianças e do jambeiro, separou goiabas bichadas, recolheu as mangas que tombavam de árvores gigantes, lavou panelas e privadas, ralou coco, varreu casa e quintal, mas não deixou de se manter atenta — a cada jogada, a cada passagem de cometa, e também aos pontos ganhos e perdidos, aos saques, voleios e lobs que fazem as surpresas do jogo, e também a suas elegantes malícias, muitas delas aplaudidas pela plateia, de pé, e até pelo adversário.

Quase invisível, Maria serviu sem sacar — estava sempre à disposição dos dois lados da quadra, da casa e de seus habitantes e visitantes.

Enquanto esteve em Lubang, escondido em mata fechada, e sempre andando de costas, para induzir os inimigos à direção oposta, Hiroo Onoda sobreviveu roubando víveres dos moradores e matando animais para se alimentar, até 1974, quando sua guerra acabou. Também matou pessoas, pelo que depois foi perdoado pelos filipinos, que consideraram extraordinárias suas circunstâncias — a exemplo de Maria, que não matou humanos, mas patos e galinhas arrematados na feira ou criados ali mesmo, com essa intenção. Cozinhava-os no modo básico, para pessoas básicas, desprovidas de refinamento gastronômico, que não cansavam, entretanto, de reclamar de sua comida.

Maria, além de invisível, se fazia de muda, pois a juízes de linha não cabe falar.

Ao contrário dos juízes de cadeira, instalados à margem da lateral da quadra para visualizar as jogadas e arbitrar com paridade aquele jogo que, quanto mais perto se chega dele, mais agressivo se torna, embora não violento. Para isso, instalam-se em um posto elevado, de onde se presume que captem todas as jogadas, anunciando os pontos ganhos de forma monocórdica, portanto com neutralidade, como convém a todo juiz.

Tudo isso acontece numa quadra de 23,77 metros de comprimento por 8,23 metros de largura.

No terreno que mede o dobro da quadra de tênis, mas que tem a metade do campo do Arruda, crianças corriam de uma lateral a outra do jardim, exercitando um enorme repertório de brincadeiras. Na época em que Hiroo Onoda era resgatado e enviado de volta ao lar, crianças pararam no lar dos timbus, uma árvore que oferecera abrigo àqueles que acolhiam e escondiam o filhote na barriga, porque era preciso, porque havia crianças, nós:

A HISTÓRIA DOS TIMBUS E DOS URUBUS

Era uma vez um jardim grandioso, e ainda mais grandioso quanto menor o visitante a passear por seus caminhos surpreendentes, revelando-se aos olhos de quem os trilhava. Aves pousavam nos galhos das árvores, saltando de um para outro ou sobrevoando as copas de alturas variadas, criando um volume interessante para quem as via de longe. Algumas preferiam as flores, levando-as para longe dali, como só as aves sabem fazer. No jardim moravam ainda abelhas e marimbondos, cada um com sua função e razão de ser, que é o que se espera de todos nós. Ele também era habitado por animais quadrúpedes de pequeno porte, que não teriam chegado ali se não fosse por desejo humano, por assim dizer. Coelhos, tatus, gatos, cachorros e até raposas. Alguns ficavam presos, e presos ficavam. Havia os que eram das árvores, mas não voavam. Os bichos-preguiça penduravam-se horas a fio, adeptos do ócio e consumidores de folhas novas das ingazeiras e embaúbas, graças às quais não havia inércia, às vezes até diligência, tão logo fossem avistadas.

Difíceis de encontrar eram os timbus, que se escondiam em buracos subterrâneos ou em árvores benfazejas que ofereciam, em seu tronco, buracos onde eles podiam viver em paz. Entre muitos outros bichos havia às vezes urubus, que davam ares de sua graça sem-graça em momentos tristes, mas inevitáveis.

Alguns eram evitáveis, se no jardim não convivessem também seres de alma prematura que, ao descobrir o aconchego dos timbus, acharam por bem desafiá-los, fiando-se na lenda de que ali se escondia o Mal.

Por capricho e ironia, o Mal achou por bem penetrar nas almas prematuras, que em seguida encontraram num pano embebido com álcool uma forma de aniquilar a família de marsupiais. Curiosas, mais para se assegurarem de que eles ainda estavam lá, chegaram perto do lar de timbus, encarando-os buraco adentro, como intrusos a bisbilhotar a intimidade que não lhes diz respeito. Foi nesse momento que os timbus olharam para elas pela primeira e última vez, a implorar, e pressentindo o breve futuro. Aquele olhar penetrante, a um só tempo desesperado e marejado de medo, foi o que ficou na lembrança das almas maduras, de quem por castigo os urubus, advertidos pelos pássaros do jardim, logo chegaram em voo rasante para lhes arrancar os olhos, num sonho ruim que nunca mais as abandonou.

Essa é a imoral história.

De um lado da quadra, uma juíza de cadeira, aquela que, vendo de cima, vê melhor, interpreta os movimentos de quem joga, que é como se arbitra; e de outro, excepcionalmente, um juiz de cadeira que enxerga de cima, mas prefere descer e entender cada lado, igualando-se, para encostar na parcialidade, e conversando, como quem tenta dirimir os atritos, a seu modo.

Agora, que se esqueça o tênis.

A juíza às vezes invade o fundo da quadra, território de Maria, para fazer as comidas que confortam e não dão bola para o essencial e o substancial, isso depois que mostra à neta o Carnaval de rua, no outro extremo. Então usa a memória, nunca um livro de receitas, e faz um doce comum nessa época, chamado "filhós", singular de filhoses e derivado do persa *faluz*, por parecer uma moeda de cobre, depois de frito. Então recebe um banho de calda de açúcar, como parte do esforço em seduzir para sempre quem os devorar desde muito cedo e em nunca mais alguém deixar esquecer como são feitos:

A xícara d'água é despejada numa panela com uma pitada de sal, pingos de manteiga, um pouquinho de açúcar e a cereja do caldo: casca de limão. É como ensina *Assucar*, mas não minha avó, mulher de praticidades — defeito e qualidade que herdei, além de outras. Isso tudo enquanto ferve a água. Em seguida tira-se a mistura do fogo e começam-se a misturar 125 gramas de farinha de trigo — também sugestão de Freyre, mas quem é de casa faz no olho —, de farinha peneirada, para evitar os caroços. Volta-se ao fogo. É preciso mexer sem parar e demonstrar força — algo que sempre pareceu crucial para a receita, mas difícil para as fracas. Esfria-se sozinha a massa em outra vasilha, bastando uns poucos minutos de paciência, para então quebrar 4 ovos, juntá-los à massa e não parar de mexer. Homogênea, a massa será decomposta em bocados e moldada como se moldam madeleines, com duas colheres que se alternam para dar a forma. A madeleine pernambucana é vertida em uma panela cheia de óleo fervente. Dourados os filhoses, são servidos com a calda, que anos depois vai carcomer os dentes de quem, criança, não tinha como prever tamanha desgraça.

Já o juiz, nada afeito às coisas da cozinha, tinha a arbitragem correndo nas veias, um senso de justiça congênito, sem que fosse preciso cadeira alta para enxergar longe: meu avô, advogado inato, nato e perpétuo, com talento para extinguir querelas que iam além dos limites do jogo familiar, durante o qual dosava firmeza e suavidade. A primeira, para que sua defesa fosse legitimada pelas razões que lhe são inerentes, justiça; e a segunda, porque assim era ele, incapaz de levantar a voz a não ser por escrito, empurrando-a para dentro de si até os pulmões, a ponto de sufocar o frágil coração, delicado que era — o coração de meu avô.

As fotos, através das quais nos lembramos de alguém, às vezes também são esquecidas. Ou seja, é preciso de fotos para nos lembrarmos das fotos que nos lembram de alguém, mais ou menos como quando fotografamos fotos antigas para guardar mais perto de nós — as fotos e as pessoas. Como as de meu avô. Serão elas um milagre, será impressão parcial ou transmitem com precisão, mesmo puídas (as mais antigas) ou amareladas (as menos recentes), o senso de justiça que lhe parecia tão natural e transmissível

— ou somos nós, que o conhecíamos, que assim o vemos, e não de outra forma, ou sou eu, que cultivo essa sua marca ao longo dos tempos eles mesmos puídos? Ou a resposta é o poder de encanto, para mim, de uma foto — qualquer uma — de meu avô?

Mas você, enquanto isso, dispensa a metáfora e joga tênis de verdade, em quadra de verdade, na foto que não existe, mas que me faz lamentar não ter estado ali, na cena da foto inventada. Ela reproduz você menino vestido para o jogo, com a raquete de madeira em punho, parado para a pose; ou outra, em pleno jogo na quadra dura do clube, a imagem manchada pela velocidade do saque elegante, cuja bola, que nenhum juiz de linha podia paralisar com os olhos, rasgará os céus de Porto Alegre, atravessará esse nosso tempo tríbio para chegar, como Halley, num passado muito além de nós.

Oitão

Há palavras que parecem pertencer à infância e, por consequência, ao Nordeste. Alpercata, biliro, oitão. No dicionário, "oitão" é cada parede lateral de uma construção. Na infância, no Nordeste e na Casa dos Avós, "oitão" era um só, a versão mais estreita de uma das laterais, como se, por algum motivo, um erro de medição houvesse levantado a construção não no centro do terreno, mas quase encostada no muro que a separava dos vizinhos à esquerda. Já se sabe que na outra lateral havia sombra, e redes de dormir ou cochilar ou avistar carambolas, abacates, mangas amadurecendo acima de tudo e de todos; e que a arquitetura arremedada permitia sair dali para o jardim sem precisar entrar em casa. Mas do outro lado o oitão, além de estreito, tinha o chão desnivelado, com obstáculos quase intransponíveis na lembrança da menina disposta a se aventurar, e menos intransponíveis para Maria, cujo quarto era acessível pelo oitão por motivos à época aparentemente naturais mas evidentemente velados, que todos aqui podem imaginar.

Até o dia em que um ladrão, desses amadores, ingênuos e já extintos, tentou entrar pelo quarto dela, sem saber que o cômodo levaria a lugar nenhum. Nas fotos com Maria ao longo do tempo, ela transparece a mesma resignação com que enfrentou a modesta investida na intimidade alheia. A seu modo, espantou o ladrão. Mas então o acesso ao colonialismo íntimo foi cimentado, deixando de despertar o interesse dos adultos sorrateiros. Para as crianças, o oitão passou a ser um lugar ainda mais enigmático, porque muitas vezes o nada não se justifica por si mesmo e por isso é envolto, sem querer, em algum mistério insondável.

O oitão perdeu utilidade a partir de então, e Maria passou a habitar um quarto com acesso direto à casa, como todos os outros, em todas as outras moradas. A princípio.

Dentro de casa, não havia conflito explícito entre os habitantes permanentes e temporários. Pouco se dizia que fosse ouvido como ofensa, e, se acontecia, quase não se levantava a voz como resposta. Em dias normais, ria-se com moderação, pois a alegria era tacitamente malvista se não fosse direito de todos. Em compensação, só se chorava escondido — pelo menos, escondido daqueles que mais se impressionariam com ela, os menores —, porque tristeza se guarda para si. A sobriedade podia ser tocada: a vida não orbitava em torno de bens materiais. O carro, a TV e o som duravam até seus limites, as roupas de todo dia eram feitas em casa, assim como as de toda noite, camisolas e pijamas; a vida social era diurna, a não ser que chegassem amigos; e os passeios eram modestos. Os bens valorizados como investimentos eram os livros do avô e os tecidos da avó, seu material de trabalho. Os enfeites dela eram guardados a chave, tratados como joias, sem ser, apesar de terem histórias a contar. Assim como um banquinho de madeira que percorria os cômodos sempre que os pés da avó pediam descanso: era o único objeto herdado por gerações posteriores a Brásida, sem sobrenome conhecido, ex-escravizada que vendia tapioca na rua, ali sentada. Uma relíquia. E não se ia a restaurantes, mesmo que Maria não se preocupasse em fisgar a família pelo estômago.

Ao preparar o almoço, Maria podia se distrair com o estalar dos dados de marfim rolando sobre a superfície de madeira, na sala. Eles tombam em compasso e ritmo desiguais sobre um retângulo pousado em pernas também desiguais. Frente a frente, avó e neta amparam, no colo, as laterais mais largas de um tabuleiro. Vistas do alto, era como se duas juízas de linha fossem muito maiores do que a quadra de tênis que deveriam inspecionar.

Sobre o tabuleiro, as peças de cada jogadora fazem percursos cruzados para no fim se reunirem em frentes opostas, cada uma em suas casas, e depois serem eliminadas, no momento final do jogo. Até lá, confrontos são superados e obstáculos transpostos, mas para isso é preciso contar com a sorte sob a custódia dos dados e com um senso estratégico que só os mais antigos podem ensinar a quem lhes sucede. Deve-se ter pressa para abandonar o território alheio e logo atingir o objetivo, resguardando-se em casas cobertas, com a desvantagem de não experimentar o gosto da aventura e da ousadia, a verdadeira alegria da vida? Ou seria melhor demorar-se no campo inimigo como opção estratégica e desafiá-lo no próprio domínio? É preciso ter paciência e visão premonitória; é preciso se resignar com a meia-volta e refazer o malfeito; é preciso saber perder um lugar conquistado, invadido pelo antagonista; é preciso saber preservá-lo. Saber perder; saber ganhar. E quanto mais se ganha, mais se preenche o depósito central de cada lado do tabuleiro, reservado para abrigar marcadores das vitórias de cada uma. Um microssilo para os feijões que Maria nos cedia; e eu, sem saber, acumulava as lições de vida de minha avó, com ajuda de uma versão do jogo de gamão levada à Europa no século 10, vinda do Oriente, que foi parar em bairro pouco nobre da cidade natal, a cidade-Nassau.

A memória não se livra do crepitar de dados sobre a madeira, dos campeonatos organizados displicentemente por uma matriarca pouco atenta a regras desnecessárias ao jogo da vida e da vez em que, ao debruçar sobre o tabuleiro curvando a cabeça, a menina sentiu uma dor embaixo do queixo.

Era papeira.

Além de inventar as calças boca de sino e os sapatos cavalo de aço, a década de 1970 presenteou os brasileiros com a epidemia de meningite viral, aterrorizando-os. Já em 1971, a década também concedeu à Albânia o título de primeiro país do mundo a ser integralmente provido de rede elétrica. A Albânia chegou a ter milhares de bunkers para uma população de 3 milhões de pessoas. Durante muito tempo, o país também ergueu o troféu de ditadura mais ferrenha do Leste Europeu, comandada durante quarenta anos por Enver Hoxha e suas mãos de chumbo. O hoxhaísmo, do qual supostamente só ele era adepto, admirava Stálin, mas o considerava lasso e complacente na forma de governar. Em outras palavras, bonzinho. Hoxha tocava o terror na Albânia, e era capaz de meter medo nas crianças do mundo inteiro. A um artista cujo talento já se fazia notar na infância foi concedido o privilégio de conhecer o terrível albanês em pessoa. Diante dele, o menino amedrontado dava por certo que Hoxha tinha outro poder: ler seus pensamentos e, com isso, farejar o pavor que sentia diante dele. Um tormento que o artista levou consigo até conseguir expressá-lo.

Reis da Perversidade aterrorizam não apenas nas histórias mal-assombradas ou na Albânia. No Brasil, retratos de Garrastazu Médici espalhados por escolas e repartições, naquela mesma época, metiam medo em quem por descuido lançasse um olhar sobre ele. E muitos, é certo, também se apavoravam com a possibilidade de que a foto pudesse adivinhar o asco exalado pelos mais sensíveis.

Foi Médici quem ordenou silêncio sobre a epidemia que começava a se configurar no início da década e teve seu pior momento em 1974, quando ele cedeu lugar a outro ditador que resolveu encarar o mal. No confronto do mal contra o mal, Ernesto Geisel resolveu, por fim, combater com vacinas, que chegaram um ano depois. Embora se tratasse de uma pistola que aplicava a imunização subcutaneamente e de forma quase indolor por militares convocados às pressas, a vacina foi mais um motivo de terror para as crianças, o grupo etário mais atingido pela doença. O universo infantil não tem sossego, e não teve sobretudo na década de 1970, e no Recife. Tapacurá, Médici, meningite. E papeira.

Ao lado da cama de campanha armada no quarto dos avós, os disquinhos não paravam de rodar para ajudar a distrair a menina durante o isolamento. Conhecia boa parte das histórias e, quanto mais se repetiam, mais gostava delas e de ver funcionar aquela engrenagem mágica, misto de som, leitura e efeito dos remédios que buscavam aplacar a inflamação nas glândulas parótidas, submaxilares e sublinguais. O apetite para as histórias compensava a inapetência causada pela doença, mas que os avós buscavam reverter a todo custo com gentil e obstinada insistência.

Numa época em que Prokofiev ainda se lia Prokofieff e "lobo" se escrevia "Lôbo", Pedro aproveitou um cochilo do avô (na história representado por "um instrumento muito esquisito chamado fagote") e saiu com Sasha (o pássaro), Sônia (a pata) e Ivan (o gato) à caça do feroz animal. Não demorou para que Sônia fosse perseguida por uma música grave e aterrorizante, fazendo vibrar o arremedo de cama que só uma criança esquálida e desbotada teria disposição para enfrentar durante quase vinte e quatro horas por dia, dias a fio.

Sônia, no entanto, conseguiu se livrar do Lôbo fugindo pelo oitão e correndo para se enfiar no buraco de uma árvore. Adivinhem qual? A mesma que servia de morada e proteção para a família de timbus. O disquinho azul girava atento ao semblante adoecido da menina, que de muito longe ouviu um chamado. Então abriu os olhos e avistou seu avô. Não parecia um fagote e veio munido de um copo d'água e gotas antitérmicas. A bolachinha já não rodava. O que pode ter acontecido no inusitado encontro de espécimes tão distintas, dentro daquele buraco? Agora já não era possível saber. E a menina tomou o remédio.

No papel que lhe coube desempenhar, criança, você sai em busca de aventuras no jardim de casa na companhia de outro Sasha, o cão. Meio Pedro sem o Lobo, meio Austerlitz dos Pampas, um pouco Bat Masterson, mas muito lourinho.

Ou loirinho.
Assim como "oitão" chegou a ser "outão", nos primórdios.

Noites de abandono

A luz do teto está apagada para ceder relevância a outra, que espelha na parede somente a si, na forma quadrada. Uma fresta na janela impede o assombro total. Alívio. Seria uma sauna não fosse a frescura proporcionada pelo condicionador de ar. Quando ainda não existia o aparelho, nem dinheiro para comprá-lo, um ventilador tentava cumprir com a obrigação, ajudado por um cortinado, que não permitia — pelo menos tentava — a intrusão das muriçocas. Contra elas havia também uma tela de náilon instalada na parte externa da janela. Se houvesse gatos, eles não conseguiriam fugir; e os insetos não poderiam entrar. Outra tela que cobria o condicionador de ar por fora fazia parte da batalha. Contra os insetos havia também, ao pé da porta, uma proteção de borracha. Muito próxima do piso, sua função era vedar a passagem deles em sua última tentativa, caso o buraco da fechadura estivesse obstruído (e estava). Não havia privacidade, mas, em compensação, muriçocas e semelhantes não entravam pelo abrigo da chave. Por último, janela e porta deveriam manter-se fechadas antes do entardecer, horário propício à invasão.

A cabeceira da cama e a lateral esquerda ficavam encostadas na parede. Nunca entendi como, numa cama para dois, uma das partes não podia se levantar como todo mundo, se a outra ainda não tivesse acordado. Em vez de simplesmente sentar e já estender as pernas pra fora, era preciso — imagino — se arrastar até a peseira da cama e sair por ali sem despertar o outro, a outra. Não era pior, mas mais inimaginável, do que a sertaneja que, prestes a dar à luz, se esforçou para que tudo transcorresse em silêncio, não deixando sequer que o filho chorasse ao nascer, porque ao lado dormia um bêbado que talvez não gostasse de ser importunado. Impura realidade.

A luz quadrada ainda aguarda na parede. Ao atravessá-la para me acomodar na cama, me assusto com uma sombra em movimento. A engadina Luisa Famos, que também assinava Flur da Riva, Flor do Rio, não poderia ter se inspirado na minha visão, nem eu na dela, pois anos e oceanos nos separavam — mas não o mês:

Julho em Ramosch

Três andorinhas
Batem as asas
No céu de verão

Por vezes tremem
Três sombras
Na fachada branca
De minha casa.

Vi a mim mesma, possivelmente. Mas, ao levantar o braço esquerdo, num aceno, na minha frente ergueu-se também o esquerdo, e não o direito da sombra. Uma sombra canhota, como era meu avô. Experimentei saudá-lo, ouvi a própria voz, ou a de minha mãe, já que eram iguais.

Na época eu não podia adivinhar, mas aquele jogo de luz e sombra era só o reflexo de um impasse sem fim.

Ao primeiro *clac*, a imagem afinal projetada na parede me deslocou para o jardim. Separado ao meio pela escada estreita de pedra, o jardim era palco, em um de seus dois planos, de uma comemoração. Em vez de numa arquibancada, as crianças sentavam na rampa gramada, onde, em outros momentos, os super-heróis pegavam impulso para o voo. A sequência de imagens separadas pelos *clacs* do carretel mostrava uma festa de aniversário que tinha como atração um macaquinho adestrado dançando a música muda de seus treinadores. Os convidados mirins se divertiam com a exibição, enquanto os adultos, em perversa inocência, incentivavam a exploração animal. Você também foi a minha festa de aniversário, e é certeza que não saberia voltar para casa depois dela — porque também não tinha ideia de como chegou lá. A cada passo do carretel de imagens, a sensação de que o mico fantasiado estava prestes a entrar em casa, acompanhado da família de timbus incinerados.

Enquanto Maria dormia apartada da casa grande, a menina vistoriava os outros cômodos, à procura dos animais. Os filhotes recém-nascidos de uma coelha, depois de sumirem com a água da descarga, voltaram por onde foram jogados. A menina os encontrou no corredor, saindo do banheiro em fila indiana, desajeitados, de tão pequenos. Iam em busca de sua mãe, no viveiro armado no quintal onde nasceram e que não existia mais. Filhotes de uma mãe já morta.

Do lado de fora da casa, a menina se assustou com a rasante de um avião que tentava aterrissar numa das vias da avenida, atrapalhado pelo desnível entre elas. Quando afinal conseguiu pousar, num freio brusco, a aeronave estava em frente à casa, e ela pôde ver pelas janelinhas as cabeças pendidas, inertes, de sua família. Inclusive a dela — a minha. Certa de que tudo aquilo não passava de um pesadelo, voltou correndo para dentro de casa e passou o ferrolho em todas as portas — eram várias.

Enfim trancafiada, achou que podia ler um livro antes de dormir. Escolheu um. Ao tirá-lo da prateleira, veio só a lombada. Todo o resto, de todos os livros, havia sido devorado pelos cupins, que pareciam debochar dela, pois a comilança não cessara. Aterrorizada, correu para o quarto. O Lôbo dormia na metade da cama que cabia a seu avô. Teve vontade de chamar Pedro, mas percebeu que confundiu as histórias, porque a barriga da fera estava dilatada. O carretel ainda girava e reproduzia na parede lisa as imagens de um passeio ao zoológico da cidade, de nome Dois Irmãos. Não entendeu nada ao ver uma foto sua encostada no muro da casa dos elefantes. Reconheceu Pori. Estava no futuro.

Em 2020, a elefanta finalmente reencontraria a filha Tana. Antes de chegar ao zoológico de Halle, Pori vivia em Berlim, até que os humanos acharam por bem manter a forte tradição da espécie e reunir a família. Na natureza, mães, filhas, netas e bisnetas vivem em harmonia e juntas anos a fio, confirmando a sociabilidade típica dos elefantes. Tanto que os doze anos de distância não apagaram o vínculo das duas, que logo se reconheceram. Aos dezenove anos, Tana já tinha as filhas Tamika e Elani. As netas de Pori logo incorporaram a avó ao grupo.

A menina invejou as elefantas do futuro, refugiada que estava no quarto dos avós, agora enterrado no breu, e habitando a Casa Despovoada — aos cuidados dela depois que o avô precisou ser operado às pressas em São Paulo, num chuvoso mês de julho. Na urgência das circunstâncias, a manada a deixara para trás.

Do lado de fora do quarto, ela percebeu que a descarga havia disparado e funcionava sem descanso. Décadas depois, interpretou. Mas, naquelas noites, ainda não sabia que os amanheceres são inevitáveis.

Foi preciso esquecer para que se tornasse ficção. E acordar, para que se confundisse com memória.

Fim da infância.

Muito longe do zoológico do Recife, dois irmãos arquitetos de sobrenome Ludwig não se intimidaram ao projetar uma patente imitação do casarão vizinho, na rua Poschinger, 2, às margens do rio principal da cidade, situado em bairro condizente com o padrão da família que estava de mudança, ansiosa para se instalar numa rua não muito distante dali em espaço mais amplo que os dois apartamentos habitados pelo casal, quatro filhos e dois empregados, apartamentos amplos, mas nada comparáveis à construção que, passado um ano desde sua encomenda, em janeiro de 1914, quando se mudaram, ocupava 230 metros quadrados de um terreno seis vezes maior e tinha quatro pavimentos (porão, térreo, piso superior e sótão), bastantes, inclusive, para acolher os dois filhos que ainda nasceriam e uma gama de nobres convidados esporádicos, como se ele, o ocupante mais velho e chefe da família, não fosse nobre o suficiente, e mais ainda a partir de 1929, quando recebeu dos dois caçulas, eufóricos, a notícia de que ganhara o prêmio Nobel, fato flagrantemente não impeditivo para que, só poucos anos à frente, o casarão fosse desapropriado depois que a família, onze dias após Hitler ter chegado ao poder, fugiu para um exílio que durou até o pós-guerra, quando enfim voltou da Califórnia, mas para nunca mais ocupar "Poschi", como era conhecida a casa da família de Thomas Mann, o escritor de frases longas.

No endereço oficial deveria constar a alameda Föhringer, renomeada segundo seu mais famoso morador já no ano da morte dele, em 1955, e que acompanha o fluxo do Isar, o Capibaribe bávaro, por onde Mann costumava caminhar com o cão Bauschan, segundo seus próprios relatos, na ficção e fora dela. Mas dizer que moravam na rua Poschinger, 1, parecia mais adequado ao status quo herdado e complementarmente conquistado, de modo que a fachada do casarão não era exibida naquela que inspirara o apelido, mas de frente para a outra rua.

Em épocas menos nevadas do ano, a varanda semicircular do piso superior proporcionava ao escritor não só uma visão ampla do terreno e sua vizinhança ("não é uma floresta, não é um parque, é um jardim mágico, nem mais nem menos"), como permitia que o sol aquecesse a escrivaninha, estrategicamente posicionada numa elevação também semicircular do escritório, formando assim, somadas as metades interna e externa, o círculo cujo centro ele ocupava, querendo ou não, sempre. Nas manhãs de trabalho concentrado não se ouvia o som da máquina tamborilada, já que ele escrevia à mão. O batuque vinha do quarto de Katia, em outro horário, que cuidava ora de lhe proporcionar a calma necessária para escrita numa casa cheia de filhos e até cão protagonista, ora de datilografar, no quarto, tudo o que o marido produzia.

A fuga para o exílio, em 1933, deixou para trás o imóvel, ali plantado, e bens preciosos como os manuscritos e sobretudo os diários, que só saíram do armário graças a ações espetaculares da secretária e da filha Erika, que visitaram Poschi às escondidas para o resgate. Já o filho Golo inadvertidamente entregou as confissões do pai ao motorista da família, ninguém menos que um espião implantado pelo nazismo que as repassou a alguém que, sem identificar aquela caligrafia como sendo a do famoso escritor, enviou os textos, conforme previsto, a um falso destinatário, para que então chegassem às mãos do autor, de acordo com o originalmente planejado.

Com sua desapropriação em 1937, a casa passou a ter como dono o próprio Reich e, depois, o estado da Baviera, quando também se tornou sede da Lebensborn, "fonte da vida", organização que recolhia crianças raptadas, necessariamente arianas aos olhos dos fundadores, para serem adotadas por quem assim também as considerasse. Poschi depois foi transformada em moradia de três famílias até ser bombardeada em 1944 e se tornar inabitável. Apenas dois dias depois de finda a guerra, Klaus, o filho mais famoso dos Mann, foi visitar a casa em Herzogspark. Na foto, Klaus posa trajando o uniforme do Exército norte-americano e, encostado ao pé da escada que dá acesso à casa, contempla o que restou: "Sensação esquisita", escreveu.

A casa de Munique voltou a ser propriedade da família Mann e, antes de ser demolida e vendida por vontade de seus donos, em 1953, chegou a abrigar, a partir de 1945, refugiados russos e ucranianos; em certo momento, doze famílias que somavam cinquenta pessoas se dividiram entre os cômodos de Poschi. No quarto de Katia Mann chegaram a viver três famílias com dez crianças, dois porcos e uma cabra. Outros porcos ocupavam o sótão. No porão, morou um cavalo.

Penso que é uma pena Thomas Mann não ter sido propriamente contemporâneo de Eça de Queiroz, que morreu em 1900. Caso tivessem se encontrado, poderiam ter trocado ideias — na pior das hipóteses, sobre casas habitadas por animais.

Aquela que em *A cidade e as serras* é conhecida como Casa de Tormes havia sido herdada pela família do escritor depois da morte de seus sogros. Cônsul em Paris, Eça foi a Portugal para vistoriar a casa que, segundo ele, era "ótima para guardar milho". O caseiro desavisado, ao recebê-lo inesperadamente, recolheu uma galinha que ciscava pela propriedade, cumpriu o ritual de abate e serviu-a com o arroz de favas que o português abominava, mas que ali, apesar de todas as circunstâncias, se transformou em iguaria adorada também por Jacinto, no romance. Jacinto, assim como Eça, desembarcou da capital francesa, subiu a serra ribatejana a cavalo e descreveu o paraíso antes da chegada à casa arruinada, hoje sede da fundação que preserva a obra do escritor: "O caminho íngreme e alpestre da estação até à quinta é simplesmente maravilhoso. Vales lindíssimos, carvalheiras e soutos de castanheiros seculares, que-

das de água, pomares, flores, tudo há naquele bendito monte".
Seu encanto imprevisível transformou a propriedade em Santa
Cruz do Douro. Sem que Eça nunca tenha morado na casa-per-
sonagem, hoje ela guarda seus objetos pessoais, trazidos da última residência em Neuilly, como a curiosa escrivaninha feita
sob medida para quem trabalhava de pé.

*Gosto de me despedir das casas por onde passo, quando preciso me
mudar. Despeço-me e agradeço pela acolhida, pela sensação de conforto proporcionada na medida das possibilidades desses lares — e
das minhas. Esses lares que me aceitaram como sou, entenderam minhas necessidades, perdoaram minhas desatenções, até mesmo quando não tive como notá-las. Reverencio esses lugares guardando-os na
memória. Pois já lhe disse que amo as coisas, como as pessoas. Amo
as coisas inanimadas. A casa onde agora moramos. O flamboyant. A
subida de pedra do jardim. As mangueiras. Ainda hoje tenho pena
daquela mangueira que morreu tão moça, antes da primeira flora-
ção! Amo as flores cultivadas por você. Amo os livros. A coleção dos
meus escritores favoritos, pelo estímulo que me proporcionaram na
vida e pelos momentos de alegria que me ofereceram. Amo os bonecos de barro de Vitalino. Os quadros da parede. A grama do quintal.
A cadeira de balanço, posicionada de frente para o portão da casa,
madeira e vime curtidos pelo tempo, e seu encosto, onde todos os dias
penduro a camisa, enquanto tomo banho. Refrescam-se e até se ba-
lançam, se ocorre ventar. Minha máquina de escrever.*

Embora nunca tenha chegado a viver na casa que foi cenário de
seu romance, Eça de Queiroz fez dela ficção — como Thomas
Mann, que morou na casa de Munique durante quase vinte anos
e transformou a vida supostamente comezinha de sua família,

cão incluído, em narrativas que, no mínimo, distrairão quem se dispuser a transitar entre verdade e suposta invenção. Em "Desordem e sofrimento precoce", a família de Abel Cornelius se vê envolvida nos preparativos para uma festa organizada pelos dois filhos maiores. A dificuldade em adquirir víveres para uma turma de adolescentes comilões, na Alemanha dos anos 1920, e a dança dos convidados na antessala do casarão ocupam o professor de quarenta e sete anos — idade, aliás, muito semelhante à de Mann, na época.

Não é difícil imaginar que, quando foi de novo demolida para ser reconstruída conforme a original, em 2006, a casa de Cornelius tenha servido de subsídio aos arquitetos. Mas nem mesmo a mente mais criativa e delirante teria sido capaz de imaginar que Poschi, transformada no imóvel luxuoso de hoje, seria vendida em 2015 por estratosféricos 30 milhões de euros para um investidor alemão quase homônimo: Thomas Manns.

Já o filho de Sara Aloni, que embora não tivesse o sobrenome da mãe ficou sozinho, *alone*, quando ela foi embora para a Palestina, herdou do pai uma identificação mais sonora e alegre, Rosenblatt, e aprendeu, também sozinho, a fazer e a estar rodeado de amigos. Seu avô sorria sempre, nas fotos. Assim como você, criança, pendurado no jasmim-manga do quintal de seus avós. Aos sábados à noite, os espaços internos da casa eram preenchidos por amigos e amigos de amigos, possivelmente também amigos daquele que amava os inanimados de sua casa, na outra extremidade geográfica. Nas fotos que nunca vi, estão sentados em pequenos grupos, ou em pé, um drinque na mão, cigarro na outra, rodas de homens separadas de rodas de mulheres, como era hábito. No escritório, os mais chegados se reúnem para ouvir os discos recém-chegados no mercado. Compenetrado entre os adultos, você.

Rosenblatt, "pétala de rosa", me lembra, por associação botânica, *Eisblumen*, "flores de gelo", que são vistas quase sempre no plural, quando do lado de fora a temperatura é negativa e dentro positiva, mas não suficientemente. Somada à pouca resistência ao frio das janelas, a diferença de temperatura propicia, na superfície que mal arbitra esse embate desleal, pouco vedada que é, a formação de cristais de água com figuras únicas, flores hexagonais, galhos perfeitos ou abstrações com um sentido estético que a ciência não explica — mas nos dá de presente, sobre lâminas de vidro, o que a natureza não pode produzir nessa época do ano.

No inverno de 1926-1927, depois de flanar pelas ruas de Moscou fazendo o impossível (flanar — inverno — Moscou), Walter Benjamin faz em seu diário anotações sobre as flores de papel que suprem a ausência das espécies in natura naquela estação do ano, buquês coloridos alegrando lojas e mercados moscovitas. É num desses mercados que ele observa "lenços rústicos feitos de algodão azul", cuja estampa lhe lembra as flores de gelo — que, por sua vez, eram temporariamente impressas em quase todas as janelas russas.

Pergunto-me se a casa dos Mann em Munique era provida de janelas à prova de flores de gelo e imagino que não. Então imagino Thomas Mann no escritório, levantando-se e indo até a janela para refletir sobre a sequência do que acabou de escrever. Ele tenta olhar para fora através dos filtros que embaçam a realidade e permitem transpô-la. Encapsulado em seu mundo da ficção, mas confortado pelo calor doméstico verdadeiro, expele a fumaça do cigarro bem juntinho do vidro e produz um acesso ao real que ele, talvez sem querer, avista pela janela. Anos depois, muito longe daquela casa e vivendo no exílio temperado de Santa Monica, ele (digo, Adrian Leverkühn) atribui às flores de gelo "uma certa sem-vergonhice impostora", por imitarem o mundo vegetal.

Se tanto frio fizesse abaixo do equador, seria como se eu olhasse para a casa onde moraram meus avós com a ajuda das flores de gelo. Mas não faz frio, e vejo com nitidez, nas fotos que não encontrei, as festas que também aconteciam aos sábados, espalhadas dentro e fora da casa. Dentro, o ponto alto da noite, com a contribuição da bebida e da música na sala, então pista de dança. São essas imagens perdidas que atenuam o fragmento, substituem o não dito, criam uma narrativa possível. Fora, vejo a menina:

E ela vê a Casa de Número 3122 (3 + 1 + 2 + 2 = 8), que inverteu a norma para ser infinita em pé e finita deitada, como escombro, dando lugar a um não lugar, árido como o deserto.

No quarto que não existe mais, o disquinho azul ainda roda na radiola, distraindo a menina: *Sasha, não chegue tão perto dessa boca enorme; é melhor você voar. Será melhor para você continuar voando para longe do Lôbo. Não vá para essa árvore, Sasha!*

Eu não tenho coragem de olhar para esta cena, mas olharei. Sasha, a corda está arrebentando! Depressa, Sasha, você precisa trazer socorro. Pausa. *Agora, sim, agora Pedro pode ir caçar quando quiser. E todos viveram felizes para sempre.* Fim.

Na foto perdida, a dança alegre no cômodo que virou sonho, sala de estar na memória.

Nota

Os trechos em itálico (com exceção do excerto das páginas 80-1, — transcrição literal da Coleção Disquinho, da gravadora Continental) foram inspirados, adaptados e expandidos com base em cartas de Paulo e Ofélia Cavalcanti e de um poema dela. Esses trechos e os que não estão em itálico são dedicados a eles.

DIRETORAS EDITORIAIS Fernanda Diamant e Rita Mattar
EDITORA Eloah Pina
ASSISTENTE EDITORIAL Millena Machado
PREPARAÇÃO Cristina Yamazaki
REVISÃO Eduardo Russo e Andrea Souzedo
DIRETORA DE ARTE Julia Monteiro
CAPA Violaine Cadinot
IMAGEM DE CAPA Acervo pessoal
CRÉDITOS DAS IMAGENS pp. 6-7/84-5 Recife vista do mar, 1991 © Fred Jordão; p. 11 Artery forceps (CC); p. 15 Paul Celan e sua família (Private Estate Paul Celan); p. 22 Gregório Bezerra preso no Quartel de Casa Forte, Recife, março de 1964 (Acervo Iconographia); p. 30 (a) Zeppelin no Recife (Acervo Jobson Figueiredo); p. 35 Episódio da Cheia de 1975 em Recife (Arquivo Diário de Pernambuco/D.A. Press); p. 53 Retrato de Hiroo Onoda (Wikimedia Commons); p. 60 Cometa Halley passa sobre o Recife, 1910 (Arquivo Diário de Pernambuco/D.A. Press); p. 64 Retrato de Enver Hoxha (Wikimedia Commons); p. 74 A casa de Thomas Mann e sua família até 1933 (Süddeutsche Zeitung Photo/Fotoarena); p. 79 Thomas Mann em casa (Wikimedia Commons); pp. 21, 24, 30 (b), 37, 46, 51, 57, 67, 72, 81-2 Acervo pessoal
TRATAMENTO DE IMAGENS Julia Thompson
PROJETO GRÁFICO Alles Blau
EDITORAÇÃO ELETRÔNICA Página Viva

Dados Internacionais de Catalogação na Publicação (CIP)
(Câmara Brasileira do Livro, SP, Brasil)

Cavalcanti, Claudia
    Avenida Beberibe / Claudia Cavalcanti. — São Paulo : Fósforo, 2024.

    ISBN: 978-65-6000-042-1

    1. Romance brasileiro I. Título.

23-187334   CDD — B869.3

Índice para catálogo sistemático:
1. Romances : Literatura brasileira   B869.3

Tábata Alves da Silva — Bibliotecária — CRB-8/9253

Editora Fósforo
Rua 24 de Maio, 270/276, 10º andar, salas 1 e 2 — República
01041-001 — São Paulo, SP, Brasil — Tel: (11) 3224.2055
contato@fosforoeditora.com.br / www.fosforoeditora.com.br

Este livro foi composto em GT Alpina e
GT Flexa e impresso pela Ipsis em papel
Pólen Bold 90 g/m² da Suzano para a
Editora Fósforo em janeiro de 2024.